Responsabilidade Tributária de Notários e de Registradores

Responsabilidade Tributária de Notários e de Registradores

2021

Nórton Luís Benites

ALMEDINA

RESPONSABILIDADE TRIBUTÁRIA DE NOTÁRIOS E DE REGISTRADORES

AUTOR: Nórton Luís Benites

DIRETOR ALMEDINA BRASIL: Rodrigo Mentz
EDITORA JURÍDICA: Manuella Santos de Castro
EDITOR DE DESENVOLVIMENTO: Aurélio Cesar Nogueira
ASSISTENTES EDITORIAIS: Isabela Leite e Larissa Nogueira

DIAGRAMAÇÃO: Almedina
DESIGN DE CAPA: FBA

ISBN: 9786556272184
Maio, 2021

Dados Internacionais de Catalogação na Publicação (CIP)
(Câmara Brasileira do Livro, SP, Brasil)

Benites, Nórton Luís
Responsabilidade tributária de notários e de registradores / Nórton Luís Benites. -- 1. ed. -- São Paulo : Almedina, 2021.

Bibliografia
ISBN 978-65-5627-218-4

1. Direito tributário - Brasil 2. Notários e registradores - Brasil 3. Responsabilidade tributária - Brasil I. Título.

21-60112 CDU-34:336.2(81)

Índices para catálogo sistemático:

1. Brasil : Notários e registradores : Responsabilidade : Direito tributário 34:336.2(81)

Maria Alice Ferreira - Bibliotecária - CRB-8/7964

Este livro segue as regras do novo Acordo Ortográfico da Língua Portuguesa (1990).

EDITORA: Almedina Brasil
Rua José Maria Lisboa, 860, Conj.131 e 132, Jardim Paulista | 01423-001 São Paulo | Brasil
editora@almedina.com.br
www.almedina.com.br

"[...] é o estado fiscal que paga a conta do estado social [...]."[1]

[1] Nabais, José Casalta. **O dever fundamental de pagar impostos** – Contributo para a compreensão constitucional do estado fiscal contemporâneo. Coimbra: Almedina, 2004, 746 p., p. 575.

Dedico este estudo às minhas Filhas:
Olívia Carmela Carrard Benites e Teodora Carrard Benites.
Espero que eu as esteja ensinando a sonharem e a realizarem sonhos.

AGRADECIMENTOS

Este trabalho não se convolaria em livro jurídico se não fosse o apoio da Doutora Maria Angélica Carrard Benites. A Maria Angélica é graduada em Direito na UFRGS (1995), especialista em Processo Civil na UNISINOS (2019), juíza federal da SJRS (desde 2002) e mãe da Olívia Carmela e da Teodora. Agradeço especialmente pelas reflexões sobre o estudo e pela revisão de seu texto.

Agradeço ao honroso prefácio do Professor Doutor Leandro Paulsen, Desembargador Federal do TRF4, nos livros de quem venho estudando Direito Tributário desde a preparação para o concurso da magistratura federal. E já se passaram mais de 21 anos de magistratura...

Agradeço à Almedina Brasil que, mais uma vez, está acreditando em um estudo de minha lavra. Repito-me: é verdadeiro laurel ser autor dessa Casa Editorial.

Por fim, desejo que estas linhas sejam úteis aos operadores do Direito Tributário e do Direito Notarial e Registral brasileiros.

Novo Hamburgo/RS, fev. 2021.

NOTA DO AUTOR

Este trabalho foi escrito em 2020. O interesse pelo tema e sua respectiva pesquisa vinham desde o final do ano de 2019. Esta vivência acadêmica deu-se, então, em um período de enfrentamento à pandemia do novo coronavírus "SARS-CoV-2" (Doença COVID-19), a qual ainda não teve fim, infelizmente. No momento em que se escrevem estas linhas, já morreram mais de dois milhões, quatrocentas e setenta e uma mil pessoas no Mundo, sendo mais de duzentas e quarenta e seis mil no Brasil[2]. Registramos nosso profundo pesar aos Familiares das Vítimas dessa terrível pandemia.

Vivemos em um clima de apreensão. Precisamos ter serenidade, empatia e força para prosseguirmos. Tivemos satisfação profissional em escrever este livro, a qual, contudo, ficou marcada também pela tristeza do atual momento.

Com esperança, em Novo Hamburgo/RS, fev. de 2021.

[2] Dados exatos: 2.471.801 mortes no Mundo e 246.504 mortes no Brasil. Fonte desses dados: *COVID-19 Dashboard by the Center for Systems Science and Engineering (CSSE) at Johns Hopkins University (JHU)*. Relatório da página na Internet da Instituição *Johns Hopkins University & Medicine, Coronavirus Resource Center,* 22 fev. 2021. Endereço da página: https://coronavirus.jhu.edu/map.html. Acesso em: 22 fev. 2021, às 19h (Horário de Brasília/DF, Brasil).

PREFÁCIO

À vista do trabalho ora apresentado pelo juiz federal Nórton Luís Benites, deve-se saber, de antemão, que é destinado, sobretudo, aos notários ou tabeliães e registradores ou oficiais de registro, de modo que, no exercício dos seus misteres, bem se desincumbam das suas obrigações tributárias principais e acessórias, de pagamento de tributos e de colaboração com o fisco.

O livro entrega muito mais do que o seu título, se lido sob a perspectiva da linguagem técnica, poderia sugerir. Além da Responsabilidade Tributária de Notários e Registradores em sentido estrito, aborda as diversas responsabilidades (em sentido leigo e amplo) desses delegatários no que diz respeito ao cumprimento da legislação tributária a que estão sujeitos.

Tem a virtude de apresentar uma visão panorâmica dos diversos tributos que devem ser objeto de atenção dos delegatários, seja porque devem zelar pela comprovação do seu pagamento para a realização escorreita dos seus atos, seja porque são devidos em razão da sua prática, seja, enfim, porque gravam a atividade das serventias e os rendimentos auferidos. O autor, para tanto, cuida do Imposto sobre a Transmissão Inter Vivos Onerosa de Bens Imóveis, do Imposto sobre a Transmissão Causa Mortis ou por Doação de Bens e Direitos, Imposto sobre a Renda e Proventos de Qualquer Natureza, do Imposto sobre Serviços de Qualquer Natureza, dos Emolumentos e das Contribuições Previdenciárias.

Trata-se de texto com cunho prático, ao modo de um manual, ocupando-se também da inscrição no CNPJ, no CEI, elaboração dos livros Caixa e Diário, da RAIS, da DOI e de outras inscrições, diligências e declarações que se impõe, ou seja, dos envolvimentos formais das serventias com o fisco.

O autor enfrentou o desafio de coordenar as diversas fontes normativas atinentes à matéria, trazendo à colação os diplomas pertinentes: Constituição Federal, Código Tributário Nacional, Lei Complementar 116/03, Decretos-Leis, Leis Ordinárias federais, Decretos, Instruções Normativas da Receita Federal do Brasil, Provimentos do Conselho Nacional de Justiça, Leis Estaduais, Provimentos de Corregedorias-Gerais de Justiça dos Tribunais de Justiça, Leis Complementares Municipais etc.

Por certo que os serviços notariais e registrais guardam muitas peculiaridades, assim como o Direito Tributário, mas são bem conhecidas, estruturadas e consideradas pelo autor que, além de juiz federal experiente, vem se dedicando de modo continuado à sua qualificação acadêmica nessas áreas, sendo Especialista em Direito Notarial e Registral e Mestre em Direito, com dissertação sobre Responsabilidade Tributária já publicada. Nórton dedicou-se, portanto, a um trabalho em seara do seu domínio, do que só poderia advir texto claro, correto e de extrema utilidade, cuja consulta se impõe.

Conheço o trabalho que esse tipo de investigação requer, porquanto já enveredei por esses caminhos quando da elaboração do meu livro Impostos Federais, Estaduais e Municipais, hoje na 11ª edição. Daí porque louvo a disposição do autor e o cumprimento por contribuir, com a sua obra, para o aprofundamento dos conhecimentos de todos nós, seus leitores.

LEANDRO PAULSEN
Doutor em Direitos e Garantias do Contribuinte
Desembargador do Tribunal Regional Federal da 4ª Região

LISTA DE SIGLAS

AC	–	Apelação Cível
ADI	–	Ação Direta de Inconstitucionalidade
AgRg	–	Agravo Regimental
ANOREG/BR	–	Associação dos Notários e Registradores do Brasil
ARE	–	Agravo em Recurso Extraordinário
AREsp	–	Agravo em Recurso Especial
CEI	–	Cadastro Específico do INSS
CICPE	–	Contribuição do Interesse de Categorias Profissionais ou Econômicas
CIDE	–	Contribuição de Intervenção no Domínio Econômico
CIP	–	Contribuição de Iluminação Pública
CNJ	–	Conselho Nacional de Justiça
CNNR/RS	–	Consolidação Normativa Notarial e Registral do Tribunal de Justiça do Estado do Rio Grande do Sul
CNPJ	–	Cadastro Nacional da Pessoa Jurídica
CRFB/88	–	Constituição da República Federativa do Brasil de 1988
CS	–	Contribuição Social
CTN	–	Código Tributário Nacional
DOI	–	Declaração sobre Operações Imobiliárias
DOITU	–	Declaração sobre Operações Imobiliárias em Terrenos da União
EDcl	–	Embargos de Declaração
FGTS	–	Fundo de Garantia por Tempo de Serviço
ICMS	–	Imposto sobre operações relativas à Circulação de Mercadorias e sobre prestações de Serviços de transporte interestadual e intermunicipal e de comunicação
IPI	–	Imposto sobre Produtos Industrializados
IRPF	–	Imposto de Renda Pessoa Física
IRRF	–	Imposto de Renda Retido na Fonte
ISSQN	–	Imposto sobre Serviços de Qualquer Natureza
ITBI	–	Imposto sobre Transmissão *inter vivos* de Bens Imóveis
ITCMD	–	Imposto sobre Transmissão *causa mortis* e Doação

RAIS	–	Relação Anual de Informações Sociais
RCPJ	–	Registro Civil das Pessoas Jurídicas
RCPN	–	Registro Civil das Pessoas Naturais
RE	–	Recurso Extraordinário
REsp	–	Recurso Especial
RFB	–	Receita Federal do Brasil
RGPS	–	Regime Geral de Previdência Social
RI	–	Registro de Imóveis
RTD	–	Registro de Títulos e Documentos
SFH	–	Sistema Financeiro de Habitação
SFI	–	Sistema de Financiamento Imobiliário
SJRS	–	Justiça Federal – Seção Judiciária do Rio Grande do Sul
SPU	–	Secretaria do Patrimônio da União
STF	–	Supremo Tribunal Federal
STJ	–	Superior Tribunal de Justiça
TII/NSCGJ/SP	–	Tomo II das Normas de Serviço da Corregedoria Geral da Justiça do Tribunal de Justiça do Estado de São Paulo (TJSP) – Cartórios Extrajudiciais
TJRS	–	Tribunal de Justiça do Estado do Rio Grande do Sul
TJSP	–	Tribunal de Justiça do Estado de São Paulo
TN	–	Tabelionato de Notas
TP	–	Tabelionato de Protesto de Títulos
TRF5	–	Tribunal Regional Federal da 5ª Região
UFRGS	–	Universidade Federal do Rio Grande do Sul
UNISINOS	–	Universidade do Vale do Rio dos Sinos

SUMÁRIO

INTRODUÇÃO

O Direito Tributário é um campo jurídico relevante aos delegatários de serviços extrajudiciais notariais e registrais brasileiros. Os tabeliães dos serviços de Tabelionato de Notas (TN) e de Tabelionato de Protesto de Títulos (TP) e os oficiais ou registradores de Registro de Imóveis (RI), de Registro de Títulos e Documentos (RTD), de Registro Civil das Pessoas Jurídicas (RCPJ) e de Registro Civil das Pessoas Naturais (RCPN) praticam atos jurídicos que interessam e geram efeitos no Direito Tributário.

Os tabeliães e oficiais de registro ou registradores são delegatários de serviços extrajudiciais notariais e de registros. Suas existência e caracterização possuem assento direto na Constituição da República Federativa do Brasil de 1988 (CRFB/88)[3], no seu artigo 236, o qual é complementado e regulado por diversas normas infraconstitucionais, mas, principalmente pela Lei 6.015/73[4], pela Lei 8.935/94[5], pela Lei 9.492/97[6] e pela Lei 10.169/2000[7].

[3] BRASIL. **Constituição da República Federativa do Brasil de 1988 (CRFB/88).** Brasília, DF: Presidência da República, 1988. Disponível em: http://www4.planalto.gov.br/legislacao/. Acesso em: 26 mai. 2020.

[4] BRASIL. Lei 6.015, de 31.12.1973. **Dispõe sobre os registros públicos.** Brasília, DF: Presidência da República, 1973. Disponível em: http://www4.planalto.gov.br/legislacao/. Acesso em: 31 mai. 2020.

[5] BRASIL. Lei 8.935, de 18.11.1994. **Regulamenta o art. 236 da Constituição Federal, dispondo sobre serviços notariais e de registro (Lei dos cartórios).** Brasília, DF: Presidência da República, 1994. Disponível em: http://www4.planalto.gov.br/legislacao/. Acesso em: 27 mai. 2020.

[6] BRASIL. Lei 9.492, de 10.09.1997. **Define competência, regulamenta os serviços concernentes ao protesto de títulos e outros documentos de dívida e dá outras providências.** Brasília, DF: Presidência da República, 1997. Disponível em: http://www4.planalto.gov.br/legislacao/. Acesso em: 31 mai. 2020.

[7] BRASIL. Lei 10.169, de 29.12.2000. Estabelece normas gerais para a fixação de emolumentos dos serviços notariais e de registro. Brasília, DF: Presidência da República, 2000. Disponível em: http://www4.planalto.gov.br/legislacao/. Acesso em: 28 mai. 2020.

Neste trabalho, examinaremos com atenção a figura do delegatário extrajudicial, todavia, cumpre já citar algumas letras do Professor Luiz Guilherme Loureiro, que faz elegante escorço histórico dos serviços extrajudiciais notariais e de registros,

> A instituição do notariado se perde nas brumas do tempo, surgida da necessidade premente e constante do indivíduo na busca de segurança jurídica e de tutela de seus direito fundamentais. O mesmo se pode afirmar do registrador, responsável pela publicidade dos direitos e situações jurídicas que devem ser de todos conhecidas. Mais importante do que a fixação de uma data exata é a análise do surgimento e desenvolvimento destas instituições jurídicas, para daí compreendermos a sua estrutura, seus instrumentos e sua finalidade no mundo atual e no porvir. Nesse contexto, não se pode deixar de observar que o Notariado e o Registro surgiram como resposta a situações de insegurança vividas pelas pessoas e comunidades e que dentre as diversas funções ou profissões jurídicas criadas de modo espontâneo ou artificial aquela do notário e do registrador são das poucas que ainda perduram.
>
> Esse fato comprova a utilidade do notário e do registrador para o mecanismo estatal de segurança jurídica, seja qual for o grau de desenvolvimento social. Se já existia nas comunidades mais rudimentares, o notário continua a exercer seu ofício nas sofisticadas sociedades do mundo moderno. Enquanto as instituições mais veneráveis e poderosas ruíram com o passar dos séculos, o Notariado atravessou incólume a Queda do Império Romano, as trevas da alta Idade Média, o Renascimento, a Revolução Industrial e até mesmo a sangrenta revolta do povo contra a aristocracia. A Revolução Francesa demoliu antigas instituições, mas o notariado foi preservado e revigorado. Assim também o Registro em suas várias modalidades: o Registro de nascimento e de estado já era conhecido na Roma de Augusto e o Registro de Imóveis, na sua configuração similar à atual, remonta à cidade de Colônia dos séculos XVII ou XVIII, expandindo-se incontinenti para os demais grandes centros mundiais.
>
> Quais outras instituições poderiam pretender tamanha estabilidade senão aquelas que servem à boa-fé dos negócios jurídicos, à estabilidade e segurança das convenções, à publicidade dos atos e fatos jurídicos, ao rechaço da fraude e à garantia da validade e da eficácia de todas as trocas e do comércio humano?[8]

[8] LOUREIRO, Luiz Guilherme. **Registros públicos – teoria e prática.** – 10. ed. rev., atual. e ampl. – Salvador: Editora Juspodivm, 2019, Apresentação, p. 9.

O Doutor Justino Adriano Farias da Silva igualmente entrelaça requintada visão sobre o Direito Notarial e Registral,

> Que será de um povo sem memória? Sem história?
>
> Pois bem. A preservação da memória nacional, a história de um povo, passa necessariamente por um eficiente sistema notarial e registral que petrifique os atos jurídicos entabulados na sociedade civil. De outra feita, a segurança jurídica, um dos fins ínsitos do direito, passa também necessariamente, por um sólido sistema notarial e registral estabelecido. Daí a importância do seu estudo sistemático e metódico.
>
> [...]
>
> Paz social, segurança jurídica, justiça, eis aí alguns dos fins do direito. Como tais valores seriam alcançados, não fosse a uniformidade de comportamento que o direito busca? Cabe, portanto, ao *direito notarial* fornecer os instrumentos nessa constante busca desses valores fundamentais do direito.[9]

Os atos praticados por tabeliães e por oficiais de registro ou registradores podem constituir fatos geradores tributários próprios e de terceiros usuários dos serviços extrajudiciais. São realizados principalmente nos lindes do Direito Privado – Direito Civil e Direito Empresarial –, mas geram relevantes efeitos no Direito Público, inclusive no Direito Tributário.

Almeja-se perscrutar, neste trabalho, qual seria a natureza jurídica dos emolumentos cobrados nos serviços extrajudiciais. Para tanto, far-se-á relevante estudar a própria natureza jurídica dos serviços extrajudiciais. Passar-se-á pelo aparente paradoxo de os delegatários extrajudiciais serem pessoas físicas, contudo, também figurarem como destinatários de deveres legais dirigidos originariamente a pessoas jurídicas. Revisar-se-ão os conceitos das cinco espécies de tributos reconhecidas atualmente pela maioria da Doutrina e da Jurisprudência tributárias nacionais. Pretende-se, com essa breve jornada, vislumbrar quais seriam os papéis desempenhados pelos tabeliões e oficiais de registro ou registradores na esfera tributária de seus misteres cotidianos: sujeito passivo de obrigações tributárias acessórias, responsável tributário e contribuinte. Desse panorama, poderá restar um pouco mais claro o desenho de suas responsabilidades frente aos Fiscos federal, estaduais, distrital e municipais.

[9] Silva, Justino Adriano Farias. Prefácio à Primeira Edição da Obra Brandelli, Leonardo. **Teoria Geral do Direito Notarial**. 3. ed. São Paulo: Saraiva, 2009, p. XIV e XVI.

Chama atenção a incursão teórica que o estudo dos serviços extrajudiciais notariais e de registros propicia ao pesquisador interessado em seus temas. Eles nascem no Direito Constitucional e são disciplinados no Direito Administrativo, matérias essenciais do Direito Público. Como dito, seus atos são fortemente fundados no Direito Civil e no Direito Empresarial – terrenos substanciais do Direito Privado. E geram relevantes efeitos na seara do Direito Tributário, num belo retorno ao Direito Público.

Tem-se, em síntese, a intenção de contribuir – respeitosamente – com o processo de compreensão de quais seriam as responsabilidades tributárias atuais dos delegatários extrajudiciais. E, assim, espera-se colaborar com o labor cotidiano dos Operadores do Direito Notarial e Registral brasileiro.

1
Sujeição Passiva Tributária: Contribuinte, Responsável Tributário e Solidariedade Tributária

A relação jurídica de direito material tributário possui natureza obrigacional. Liga o sujeito ativo, que é uma pessoa jurídica de direito público, ao sujeito passivo, que é o contribuinte. Contudo, além deste, a sujeição passiva tributária também alcança o responsável tributário *lato sensu*, que pode ser substituto tributário ou responsável tributário *stricto sensu*.

O tema da sujeição passiva tributária possui previsão no Código Tributário Nacional (CTN)[10]. Cumpre citar seu artigo 121, que inaugura a disciplina do assunto:

> Art. 121. Sujeito passivo da obrigação principal é a pessoa obrigada ao pagamento de tributo ou penalidade pecuniária.
>
> Parágrafo único. O sujeito passivo da obrigação principal diz-se:
>
> I – contribuinte, quando tenha relação pessoal e direta com a situação que constitua o respectivo fato gerador;
>
> II – responsável, quando, sem revestir a condição de contribuinte, sua obrigação decorra de disposição expressa de lei.

É relevante compreender a natureza jurídica da relação tributária. Alerta o Professor Luís Eduardo Schoueri,

> A pergunta que surge é: qual a relevância de se conferir à relação estabelecida entre o Fisco e o particular a natureza obrigacional?

[10] BRASIL. Lei 5.172, de 25.10.1966. **Institui o Código Tributário Nacional (CTN)**. Brasília, DF: Presidência da República, 1966. Disponível em: http://www4.planalto.gov.br/legislacao/. Acesso em: 26 mai. 2020.

> Reconhecido um vínculo obrigacional, as partes se põem, ambas, sujeitas à lei. Seus direitos e obrigações estão previstos em lei.
>
> Sendo mais específico: se a relação é obrigacional, há um momento em que se estabelece o vínculo e, assim surgido, torna-se ele imutável. Se é verdade que o credor tem o direito de exigir o tributo, também o devedor tem o direito de pagar apenas aquele tributo, nada além. Lei posterior não atingirá o vínculo assim surgido.
>
> Ao mesmo tempo, um vínculo obrigacional não é perene. A obrigação extingue-se pelas formas previstas na lei. O pagamento é uma das formas de extinção da obrigação. Pago o tributo, desaparece o vínculo jurídico.[11]

Ser, essa relação jurídica, obrigacional é uma garantia do Sistema Tributário ao sujeito passivo, pois ficam estabelecidos direitos e deveres, diferente do que seria se o vínculo fosse apenas de sujeição à lei numa relação de submissão ao Poder Estatal. Sendo obrigacional, a relação jurídica tem lindes conhecidos previstos em lei. Sua extinção geralmente decorre – tão-somente – do pagamento do tributo.

O Professor Luciano Amaro registra sobre a obrigação tributária,

> Ao tratar da obrigação *tributária*, interessa-nos a acepção da obrigação como *relação jurídica*, designando o vínculo que adstringe o devedor a uma prestação em proveito do credor, que, por sua vez, tem o direito de exigir essa prestação a que o devedor está adstrito. A obrigação tributária, de acordo com a natureza da prestação que tenha por objeto, pode assumir as forma que referimos (*dar, fazer* ou *não fazer*).
>
> Por conseguinte, a obrigação, no direito tributário, não possui conceituação diferente da que lhe é conferida no direito obrigacional comum. Ela se particulariza, no campo dos tributos, pelo seu *objeto*, que será sempre uma prestação de natureza tributária, portanto um dar, fazer ou não fazer de conteúdo pertinente a tributo. O objeto da obrigação tributária pode ser: dar uma soma pecuniária ao sujeito ativo, fazer algo (por exemplo, emitir nota fiscal, apresentar declaração de rendimentos) ou não fazer algo (por exemplo, não embaraçar a fiscalização). É pelo objeto que a obrigação revela sua natureza tributária.[12]

[11] SCHOUERI, Luís Eduardo. **Direito tributário.** – 2. ed. – São Paulo: Saraiva, 2012, p. 478-479.

[12] AMARO, Luciano. **Direito tributário brasileiro.** – 11. ed. rev. e atual. – São Paulo: Saraiva, 2005, p. 245.

Nessa relação jurídico-material, interessa sobremaneira a este trabalho o estudo da sujeição passiva e de suas formas de manifestação.

O tratamento conformado à sujeição passiva tributária pelo Código Tributário Nacional não é linear. Recebeu críticas relevantes da Doutrina Tributária brasileira. O Código Tributário Nacional, em algumas de suas passagens, apresenta um viés de formulador de conceitos legais. Realiza isso também no tema da sujeição passiva, mas dizendo menos expressamente do que acaba por regular. Em outros pontos, confunde os critérios de classificação das espécies de sujeições passivas que estabelece, como se fossem elementos definidores de apenas algumas delas, mas igualmente estando presente em outras.

Para ilustrar, cabe citar uma crítica já inicial sobre a matéria do Professor Luiz Felipe Silveira Difini,

> Para o Código, o sujeito passivo pode ser *contribuinte* ou *responsável* (art. 121, parágrafo único). Em verdade, ainda pode ser *substituto* ou *sucessor*.[13]

Abordando o tema da responsabilidade tributária, igualmente tece reparos o Professor Luís Eduardo Schoueri,

> A sistematização do Código Tributário Nacional, ao tratar da responsabilidade por transferência, não foi feliz. Ele versa sobre três casos: (i) responsabilidade dos sucessores (seção II, arts. 129 a 133); (ii) responsabilidade de terceiros (seção III, arts. 134 e 135); e (iii) responsabilidade por infrações (seção IV, arts. 136 a 138). Entretanto, logo se verá que a classificação não é exata, já que também os sucessores são "terceiros" em relação ao fato jurídico tributário e muitas vezes haverá terceiros que responderão pelo "crédito tributário", ali incluindo as penalidades por infrações.[14]

Nessa mesma matéria, similarmente lança críticas o Professor Sacha Calmon Navarro Coêlho,

> O nosso Direito (CTN), contudo, *iguala ao substituto*, ou seja, o sujeito passivo direto por fato gerador alheio, aos demais "responsáveis por transferência" (art. 128 do Digesto Tributário). **A falta de técnica provoca uma enorme**

[13] DIFINI, Luiz Felipe Silveira. **Manual de direito tributário.** – 4. ed. atual. – São Paulo: Saraiva, 2008, p. 213.

[14] SCHOUERI, Luís Eduardo**. Direito tributário.** – 2. ed. – São Paulo: Saraiva, 2012, p. 518.

> **confusão na doutrina e na jurisprudência.** Está claro que o sujeito passivo direto por *fato gerador alheio* ostenta um *status* jurídico diverso dos demais responsáveis que são sujeitos passivos indiretos, por isso que são responsáveis pelo pagamento de *tributo alheio.* No caso desses responsáveis, a obrigação é de pagar tributo *de outrem.*[15] [16]

Pode-se intuir que o Professor Luciano Amaro também alinhava alguma delicada ressalva,

> Rubens Gomes de Souza, antes do Código Tributário Nacional, expôs essa classificação dos modos de *sujeição passiva indireta,* desdobrando a *transferência* em três subespécies: a *sucessão,* a *solidariedade* e a *responsabilidade* (expressão esta que, com vimos, veio, no CTN, a ser empregada para designar *genericamente* todos os casos de sujeição passiva indireta, que abrangeria, naquela classificação doutrinária, os casos de substituição e os de transferência).
>
> A classificação referida tem sua utilidade didática, não obstante algumas inconsistências técnicas, mercê das quais não foi, talvez, correspondida no Código, apesar do gosto manifestado desse diploma pelas definições e classificações.
>
> As técnicas empregadas pela legislação para definição do responsável apresentam, como efeito, especificidades tais que tornam difícil enquadrá-las na tipologia comentada.[17]

Dito isso, cumpre focar primeiramente na figura do "contribuinte". Como visto, dispõe o Código Tributário Nacional que o sujeito passivo é contribuinte quando *"tenha relação pessoal e direta com a situação que constitua o respectivo fato gerador"* (artigo 121 do Código Tributário Nacional). Contribuinte é o ocupante natural da função passiva da relação tributária. Se não houver alguma outra circunstância – sempre legal – que ressaia da normal relação jurídico-tributária primária, o contribuinte responderá pela obrigação.

[15] COÊLHO, Sacha Calmon Navarro. **Curso de direito tributário brasileiro**. 3. ed. – Rio de Janeiro: Forense, 1999, p. 605.

[16] Grifos nossos.

[17] AMARO, Luciano. **Direito tributário brasileiro**. – 11. ed. rev. e atual. – São Paulo: Saraiva, 2005, p. 308.

Sobre a figura do contribuinte, registra o Professor Leandro Paulsen,

> O **contribuinte** é aquele que guarda relação pessoal e direta com a situação que constitua o respectivo fato gerador, conforme a definição do art. 121, I, do CTN. É, assim, nos tributos com fato gerador não-vinculado, aquele cuja capacidade contributiva é objeto de tributação, ou seja, uma das pessoas que pratica o ato ou negócio jurídico ou que está na situação indicada por lei como geradora da obrigação tributária, que é, por exemplo, o titular da receita, do lucro, da propriedade, o que vende ou adquire mercadorias, o que importa produto estrangeiro. Nos tributos com fato gerador vinculado à atividade estatal, será aquele que demanda o serviço público, que sofre o exercício do poder de polícia ou que tem o seu imóvel valorizado pela obra pública.[18]

Acrescenta o Professor Alexandre Rossato da Silva Ávila,

> O contribuinte (sujeito passivo direto) tem uma relação pessoal e direta com o fato gerador. É a pessoa que pratica o fato gerador. Muitas vezes a lei escolhe para uma mesma espécie tributária contribuintes diversos, dependendo do momento em que considera ocorrido o fato gerador. No IPI, por exemplo, poderá ser contribuinte o industrial, o importador ou o arrematante tudo dependendo do momento em que a lei considera ocorrido o fato gerador (art. 46 e art. 51 do CTN). No caso do IPTU, o contribuinte é o proprietário do imóvel, o titular do seu domínio útil, ou o seu possuidor a qualquer título (art. 34 do CTN). No imposto de exportação o contribuinte será o exportador ou quem a lei equiparar (art. 27 do CTN). No imposto de transmissão de bens imóveis, a lei poderá escolher como contribuinte qualquer das partes envolvidas na operação tributada (ar. 42 do CTN). O contribuinte, também chamado sujeito passivo direto, é um devedor originário. A obrigação de pagar *do (sic)* tributo nasce diretamente contra ele.[19]

Regra o artigo 121, inciso II, do Código Tributário Nacional que o sujeito passivo da obrigação tributária é responsável quando, *"sem revestir a condição de contribuinte, sua obrigação decorra de disposição expressa de lei"*.

[18] PAULSEN, Leandro. **Curso de direito tributário.** – Porto Alegre: Livraria do Advogado Editora, 2008, p. 143.

[19] ÁVILA, Alexandre Rossato da Silva. **Curso de direito tributário.** – Porto Alegre: Verbo Jurídico, 2006, p. 219.

O Código Tributário Nacional volta a mirar na figura do responsável a partir de seu artigo 128:

> Art. 128. Sem prejuízo do disposto neste capítulo, a lei pode atribuir de modo expresso a responsabilidade pelo crédito tributário a terceira pessoa, vinculada ao fato gerador da respectiva obrigação, excluindo a responsabilidade do contribuinte ou atribuindo-a a este em caráter supletivo do cumprimento total ou parcial da referida obrigação.

Há situações diversas nas quais a lei coloca no polo passivo da relação jurídico-tributário outras pessoas, físicas ou jurídicas, ao lado do contribuinte. O responsável tributário não participa do fato gerador, posição exclusiva do contribuinte, mas dele tem alguma proximidade. Essa intensidade de "proximidade" para com o fato gerador é determinante, no sistema desenhado no Código Tributário Nacional, para classificarem-se as espécies e subespécies de sujeições passivas tributárias.

O contribuinte está na conformação nuclear do fato gerador. Sua participação é pessoal e direta no desenrolar do fato gerador. É a personagem principal do enredo fático que gera a exação. Constitui a central espécie de sujeito passivo tributário.

A outra espécie de sujeito passivo tributário, em nosso entendimento, é o responsável tributário *lato sensu*, que possui vínculo com o fato gerador, mas não aquela relação pessoal e direta apresentada pelo contribuinte. Sua proximidade é menos intensa. É coadjuvante no enredo da exação.

A "responsabilidade tributária *lato sensu*" divide-se em "substituição tributária" e em "responsabilidade tributária *stricto sensu*". Na substituição tributária, a lei prevê que, desde sua gênese, o tributo será suportado pelo substituto tributário, que poderá se compensar logicamente do ônus financeiro da exação, que cabe naturalmente ao contribuinte. Na responsabilidade tributária *stricto sensu*, exsurge algum fato, sempre previsto em lei, que perpassa ou transfere a responsabilidade tributária do contribuinte ao terceiro responsável, podendo ter caráter sancionatório.

A respeito, ensina o Professor Luís Eduardo Schoueri,

> Como visto acima, o Código Tributário Nacional aponta apenas duas categorias de sujeito passivo, em seu artigo 121: o contribuinte e o responsável. O estudo dos dispositivos acerca da última categoria revela que, em verdade, sob tal rubrica, apresentam-se figuras diversas, com regimes jurídicos pró-

prios. Daí ser o caso de desdobrar a categoria do responsável *lato sensu* em *substituto* e *responsável stricto sensu* (este, responsável por "transferência").

Advirta-se de imediato que o Código Tributário Nacional trata ambas as figuras a partir da denominação comum de "responsável"; o desdobramento ora efetuado apenas se faz porque o mesmo Código apresenta disciplinas diversas para as duas classes de responsáveis, merecendo, daí, a divisão ora proposta.

Fala-se em *substituição* quanto o legislador, conquanto descrevendo uma conduta praticada por uma pessoa (contribuinte) como hipótese tributária, determina que, verificada aquela conduta, outra pessoa (*substituto*) terá a obrigação de recolher o tributo.

Tal o caso, por exemplo, da legislação do ICMS, que determina que o imposto devido em virtude da venda realizada por agricultores a comerciantes será devido pelos últimos. Note-se que quem gerou a saída da mercadoria foi o agricultor, mas é o comerciante quem deve o tributo.[20]

Nosso Sistema Tributário Nacional permite ainda a substituição tributária "para frente", a qual está prevista no artigo 150, parágrafo 7º, da Constituição da República Federativa do Brasil de 1988 (CRFB/88):

Art. 150. Sem prejuízo de outras garantias asseguradas ao contribuinte, é vedado à União, aos Estados, ao Distrito Federal e aos Municípios:

[...]

§ 7º A lei poderá atribuir a sujeito passivo de obrigação tributária a condição de responsável pelo pagamento de imposto ou contribuição, cujo fato gerador deva ocorrer posteriormente, assegurada a imediata e preferencial restituição da quantia paga, caso não se realize o fato gerador presumido. (Incluído pela Emenda Constitucional nº 3, de 1993).[21]

A respeito, aponta o Professor Luís Eduardo Schoueri,

Diversa da figura acima é a substituição "para frente", hoje constitucionalmente prevista no artigo 150, § 7º, da Constituição Federal.

20 SCHOUERI, Luís Eduardo. **Direito tributário.** – 2. ed. – São Paulo: Saraiva, 2012, p. 505-506.

21 BRASIL. **Constituição da República Federativa do Brasil de 1988 (CRFB/88)**. Brasília, DF: Presidência da República, 1988. Disponível em: http://www4.planalto.gov.br/legislacao/. Acesso em: 26 mai. 2020.

> Com efeito, no modelo clássico de substituição, encontrou-se um substituto definido a partir de uma situação já concretizada (o fato jurídico tributário). O tributo já é devido, bastando apenas sua liquidação. Na substituição tributária "para frente", o substituto recolhe o tributo referente a fato jurídico tributário a ser realizado, no futuro, pelo substituído. Geralmente, ocorre em situações em que o industrial se responsabiliza pelo pagamento do tributo devido pelo comerciante que revenderá o seu produto, a exemplo do que ocorre na indústria do cigarro.[22]

Cabe destacar, neste ponto, a questão da "fonte pagadora" com relação ao Imposto de Renda Retido na Fonte (IRRF). Estabelece o artigo 45, parágrafo único, do Código Tributário Nacional:

> Art. 45. Contribuinte do imposto é o titular da disponibilidade a que se refere o artigo 43, sem prejuízo de atribuir a lei essa condição ao possuidor, a qualquer título, dos bens produtores de renda ou dos proventos tributáveis.
>
> **Parágrafo único. A lei pode atribuir à fonte pagadora da renda ou dos proventos tributáveis a condição de responsável pelo imposto cuja retenção e recolhimento lhe caibam.**[23]

A leitura do dispositivo indica que a fonte pagadora de renda tributável possui relação jurídica de responsabilidade para com o sujeito ativo da exação. Cuidando-se do Imposto de Renda, surge um plexo de relações jurídicas que tem a União como sujeito ativo, o beneficiário da renda como contribuinte e a fonte pagadora da renda como responsável tributário por disposição legal.

Nesse sentido, doutrina o Professor Hugo de Brito Machado,

> [...] em decorrência da norma que estabelece a responsabilidade de fonte pagadora da renda, surge uma terceira relação jurídica ligando a fonte pagadora da renda, na condição de responsável tributário e o beneficiário da renda, na condição de contribuinte.
>
> [...] o beneficiário da renda continua sendo contribuinte, e exatamente nessa condição é sujeito passivo da relação obrigacional tributária, só que nesta, agora formada por um complexo de relações jurídicas, a responsabili-

[22] SCHOUERI, Luís Eduardo. **Direito tributário.** – 2. ed. – São Paulo: Saraiva, 2012, p. 511.

[23] Grifos nossos.

dade pelo pagamento do imposto é atribuída à fonte pagadora, que é também sujeito passivo dessa relação obrigacional tributária, na condição de responsável. Trata-se no caso de sujeição passiva plural, embora não existente a responsabilidade plural.[24]

A responsabilidade tributária *stricto sensu* é muito relevante à figura do delegatário de serviços extrajudiciais, pois há regra específica no Código Tributário Nacional que trata expressamente desse tema com relação aos seus atos oficiais: artigo 134, VI. Logo à frente, esse dispositivo será enfocado detidamente, mas, agora, é relevante lançar mais algumas ponderações teóricas sobre o ponto, utilizando-se as palavras do Professor Alexandre Rossato da Silva Ávila,

> A violação da regra jurídica que atribui a alguém o dever de efetuar o pagamento do tributo é que dá origem à responsabilidade tributária. É o inadimplemento da obrigação tributária, portanto, a fonte da responsabilidade. A responsabilidade tributária refere-se a um vínculo jurídico que surge após o descumprimento da obrigação pelo devedor originário. O art. 128 do CTN estabelece que a lei pode atribuir a responsabilidade pelo crédito tributário a terceira pessoa, vinculada ao fato gerador da respectiva obrigação excluindo a responsabilidade do contribuinte ou atribuindo-a a este em caráter supletivo do cumprimento total ou parcial da referida obrigação. Só existe responsabilidade tributária diante da lei. O terceiro, a quem a lei atribuir a responsabilidade, deverá estar de alguma forma vinculado ao fato gerador. Atos normativos infralegais, como decretos, instruções normativas, ordens de serviço, etc., jamais terão força para imputar a responsabilidade tributária a terceira pessoa. O que importa, para a identificação do contribuinte ou do responsável, é a lei que estava em vigor no momento da ocorrência do fato gerador da respectiva obrigação, pouco importando a data da constituição do crédito tributário ou qualquer outro momento. Ninguém pode, por lei do presente, adquirir responsabilidade tributária por fato ocorrido no passado. A lei posterior ao fato gerador não poderá atribuir responsabilidade tributária a terceiros (art. 144, § 1º, do CTN).[25]

[24] MACHADO, Hugo de Brito. **O contribuinte e o responsável no imposto de renda na fonte.** RDDT n. 70, jul. 2001, p. 109-116.

[25] ÁVILA, Alexandre Rossato da Silva. **Curso de direito tributário.** – Porto Alegre: Verbo Jurídico, 2006, p. 235.

Um dos dispositivos mais relevantes do Código Tributário Nacional sobre o temário é o artigo 134, cujo teor cumpre transcrever:

> Art. 134. Nos casos de impossibilidade de exigência do cumprimento da obrigação principal pelo contribuinte, respondem solidariamente com este nos atos em que intervierem ou pelas omissões de que forem responsáveis:
>
> I – os pais, pelos tributos devidos por seus filhos menores;
>
> II – os tutores e curadores, pelos tributos devidos por seus tutelados ou curatelados;
>
> III – os administradores de bens de terceiros, pelos tributos devidos por estes;
>
> IV – o inventariante, pelos tributos devidos pelo espólio;
>
> V – o síndico e o comissário, pelos tributos devidos pela massa falida ou pelo concordatário;
>
> **VI – os tabeliães, escrivães e demais serventuários de ofício, pelos tributos devidos sobre os atos praticados por eles, ou perante eles, em razão do seu ofício;**
>
> VII – os sócios, no caso de liquidação de sociedade de pessoas.
>
> Parágrafo único. O disposto neste artigo só se aplica, em matéria de penalidades, às de caráter moratório.[26]

O *caput* do artigo 134 deve ser analisado com cuidado. Utiliza-se o conceito de solidariedade, contudo, inicia-se o texto deixando claro que seria nos casos de impossibilidade de exigência da obrigação do contribuinte que se daria a conjectura de os terceiros serem chamados à responsabilidade. Pode parecer que houve simples engano do Legislador, contudo, temos que os dois conceitos são relevantes: subsidiariedade e solidariedade. Na solidariedade passiva, regrada em nosso Direito Civil (Código Civil[27], a partir de seu artigo 275), há mais de um obrigado e todos respondem de forma igual ao credor. Aqui, neste ponto, pelo Código Tributário Nacional, a solidariedade passiva é aplicada, mas somente depois que ficar claro que o tributo não pode ser exigido do contribuinte, devedor originário.

[26] Grifos nossos.

[27] BRASIL. Lei 10.406, de 10.01.2002. **Institui o Código Civil**. Brasília, DF: Presidência da República, 2002. Disponível em: http://www4.planalto.gov.br/legislacao/. Acesso em: 27 mai. 2020.

Nesse sentido, doutrina o Professor Luís Eduardo Schoueri,

> Apontadas as situações de responsabilidade subsidiária e solidária, merece nota o caso do artigo 134 do Código Tributário Nacional, que será visto adiante: embora ele se refira a uma responsabilidade solidária, ela somente surge "nos casos de impossibilidade de exigência do cumprimento da obrigação principal pelo contribuinte", o que denuncia seu caráter subsidiário. Por outro lado, uma vez surgida a responsabilidade, então será ela solidária, no sentido de que o sujeito ativo poderá exigir o crédito tanto do sujeito passivo original, como do responsável.[28]

Similarmente nessa trilha, reforça o Professor Leandro Paulsen,

> Ainda que o dispositivo disponha no sentido de que "respondem solidariamente", o que poderia induzir à inexistência do benefício de ordem, a referência a caso de "impossibilidade de exigência do cumprimento da obrigação principal pelo contribuinte" assegura ao responsável que só poderá ser exigido após o contribuinte, subsidiariamente, com benefício de ordem.[29]

Nota-se, nas hipóteses dos incisos do artigo 134, que o terceiro responsável se localiza, se movimenta ou possui ação em área próxima aos atos tributados ou nas omissões verificadas. Não há aleatoriedade, mas, sim, proximidade para com os fatos.

O parágrafo único dispõe que a extensão de responsabilidade atinge apenas as penalidades moratórias, isto é, apenas as decorrentes do atraso do pagamento de tributos. Penalidades por infração do contribuinte não são abarcadas pela presente responsabilidade de terceiro.

Sobre o inciso VI, que trata especificamente da responsabilidade de delegatários de serviços extrajudiciais, registra o Professor Luciano Amaro,

> A análise das circunstâncias que tipificam as ações ou omissões ensejadoras de responsabilidade do terceiro depende da hipótese de que se trate. No caso do item VI, por exemplo, a responsabilidade decorre da eventual *omissão*

[28] Schoueri, Luís Eduardo. **Direito tributário.** – 2. ed. – São Paulo: Saraiva, 2012, p. 505.

[29] Paulsen, Leandro. **Direito Tributário: Constituição e Código Tributário à luz da Doutrina e da Jurisprudência**. 9. ed. rev. atual. – Porto Alegre: Livraria do Advogado: ESMAFE, 2007, p. 914.

do serventuário que permite a lavratura do ato sem exigir a comprovação do recolhimento do tributo.[30]

O artigo 135 do Código Tributário Nacional também é muito relevante para a temática da responsabilidade tributária. Cuida da fixação de responsabilidade pessoal por créditos resultantes de atos praticados com excesso de poderes ou infração de lei, contrato social ou estatutos. Cumpre colacionar seu teor:

> Art. 135. São pessoalmente responsáveis pelos créditos correspondentes a obrigações tributárias resultantes de atos praticados com excesso de poderes ou infração de lei, contrato social ou estatutos:
>
> I – as pessoas referidas no artigo anterior;
>
> II – os mandatários, prepostos e empregados;
>
> III – os diretores, gerentes ou representantes de pessoas jurídicas de direito privado.

Pontua o Professor Hugo de Brito Machado,

> Questão de grande relevância, em matéria de responsabilidade tributária, consiste em determinar o alcance do art. 135, inciso III, do CTN, e assim saber em que circunstâncias os diretores, gerentes ou representantes de pessoas jurídicas de direito privado respondem pelos créditos tributários dos quais sejam estas contribuintes. É claro que, em se tratando de sociedades nas quais a lei específica não limita a responsabilidade dos sócios, não há qualquer dificuldade. Entretanto, nas sociedades por quotas de responsabilidade limitada e nas sociedades anônimas a questão é tormentosa.[31]

Caracterizada a responsabilidade de terceiro, discutiu-se sobre a permanência ou não da obrigação com relação ao contribuinte, uma vez que o artigo utiliza a expressão "pessoalmente". Entende o Professor Hugo de Brito Machado que o contribuinte continua a responder solidariamente com o terceiro responsável:

[30] AMARO, Luciano. **Direito tributário brasileiro**. – 11. ed. rev. e atual. – São Paulo: Saraiva, 2005, p. 327.

[31] MACHADO, Hugo de Brito. **Curso de direito tributário.** 14ª edição revista, atualizada e ampliada. – São Paulo: Malheiros Editores, 1998, p. 114.

> [...] A lei diz que são *pessoalmente* responsáveis, mas não diz que sejam os únicos. A exclusão da responsabilidade, a nosso ver, teria de ser expressa.
>
> Com efeito, a responsabilidade do contribuinte decorre de sua condição de sujeito passivo *direto* da relação obrigacional tributária. Independe de disposição legal que expressamente a estabeleça. Assim, em se tratando de responsabilidade inerente à própria condição de contribuinte, não é razoável admitir-se que desapareça sem que a lei o diga expressamente. Isto, aliás, é o que se depreende do disposto no art. 128 do Código Tributário Nacional, segundo o qual "a lei pode atribuir de modo expresso a responsabilidade pelo crédito tributário a terceira pessoa, vinculada ao fato gerador da respectiva obrigação, excluindo a responsabilidade do contribuinte ou atribuindo-a a este em caráter supletivo do cumprimento total ou parcial da referida obrigação". Pela mesma razão que se exige dispositivo legal expresso para a atribuição da responsabilidade a terceiro, também se há de exigir dispositivo legal expresso para excluir a responsabilidade do contribuinte.[32]

Alinhamo-nos a essa posição doutrinária. Se a pessoa jurídica contribuinte se beneficiou do ato do gestor ou representante, mesmo praticado com excesso de poderes ou com infração de lei, de contrato social ou de estatutos, continua a responder pelo valor do tributo devido em um regime de solidariedade para com os últimos citados.

Cabe gizar que o artigo 135 do Código Tributário Nacional cuida da situação na qual o terceiro age em nome de quem seria o contribuinte. Como o anterior artigo 134, pressupõe a existência de duas figuras. Uma que é contribuinte e outra que é o terceiro que pode se tornar responsável. O contribuinte pode ser pessoa física ou jurídica; o terceiro, apenas pessoa física. Aqui, no artigo 135, se o terceiro agir de forma ilícita, *"com excesso de poderes ou infração de lei, contrato social ou estatutos"*, ele se tornará o responsável tributário *stricto sensu* do tributo devido.

Na sequência, o Código Tributário Nacional trata da "responsabilidade por infrações", ponto que gera polêmicas por sua inserção geográfica neste Capítulo V do seu Título II. Cumpre colacionar os artigos 136 a 138 do Código Tributário Nacional:

[32] MACHADO, Hugo de Brito. **Curso de direito tributário.** 14ª edição revista, atualizada e ampliada. – São Paulo: Malheiros Editores, 1998, p. 117.

SEÇÃO IV
Responsabilidade por Infrações

Art. 136. Salvo disposição de lei em contrário, a responsabilidade por infrações da legislação tributária independe da intenção do agente ou do responsável e da efetividade, natureza e extensão dos efeitos do ato.

Art. 137. A responsabilidade é pessoal ao agente:

I – quanto às infrações conceituadas por lei como crimes ou contravenções, salvo quando praticadas no exercício regular de administração, mandato, função, cargo ou emprego, ou no cumprimento de ordem expressa emitida por quem de direito;

II – quanto às infrações em cuja definição o dolo específico do agente seja elementar;

III – quanto às infrações que decorram direta e exclusivamente de dolo específico:

a) das pessoas referidas no artigo 134, contra aquelas por quem respondem;

b) dos mandatários, prepostos ou empregados, contra seus mandantes, preponentes ou empregadores;

c) dos diretores, gerentes ou representantes de pessoas jurídicas de direito privado, contra estas.

Art. 138. A responsabilidade é excluída pela denúncia espontânea da infração, acompanhada, se for o caso, do pagamento do tributo devido e dos juros de mora, ou do depósito da importância arbitrada pela autoridade administrativa, quando o montante do tributo dependa de apuração.

Parágrafo único. Não se considera espontânea a denúncia apresentada após o início de qualquer procedimento administrativo ou medida de fiscalização, relacionados com a infração.

Os artigos 136 e 137 do Código Tributário Nacional deixam claro um problema de polissemia na utilização que se faz dos termos "responsabilidade" e "responsável". Esses termos são utilizados em mais de um sentido no Código Tributário Nacional. Já transcrevemos críticas doutrinárias ao texto do Código que se referem justamente a esse ponto.

Essa expressão "responsabilidade" pode conter um significado de responsabilidade jurídica em geral, que abarcaria todos os sujeitos passivos de natureza tributária, como o sujeito passivo de obrigação acessória, o sujeito passivo de obrigação principal, o contribuinte, o responsável tributário *lato sensu*, o substituto tributário, o responsável tributário *stricto sensu* e o infrator de infração tributária, este último tratado nos artigos 136 e 137 em exame.

Como já visto, a expressão "responsabilidade" pode-se referir ao gênero responsabilidade tributária *lato sensu*, que se fragmenta em substituição tributária e reponsabilidade tributária *stricto sensu*, mais um de seus possíveis sentidos.

Por fim, pode-se referir à figura tratada nos ora apreciados artigos 136 e 137, que cuidam do agente que comete infração tributária, em nome próprio ou utilizando ilicitamente o nome de um terceiro, mas sempre em seu interesse pessoal. Esse agente pode ser contribuinte, pode ser responsável tributário *lato sensu*, pode ser *substituto tributário*, pode ser responsável tributário *stricto sensu* e pode ser um sujeito passivo de obrigação acessória. Por isso, há críticas ao Código Tributário Nacional por disciplinar o infrator no seu capítulo que cuida da responsabilidade tributária *stricto sensu*. O infrator apresenta natureza diferente.

A propósito, cumpre colacionar reflexões do Professor Luciano Amaro,

> A questão do vínculo entre o *infrator* (agente) e a *infração* (ação ou omissão) não se põe em termos de "relação pessoal e direta" ou "relação oblíqua" com o "fato gerador". O problema é de *autoria, tout court*. É *infrator* (agente) quem tenha o dever legal de adotar certa conduta (comissiva ou omissiva) e descumpre esse dever, sujeitando-se, por via de consequência, à *sanção* que a lei comine.
>
> É por isso que, ao tratar da *sujeição aos efeitos legais da infração*, o Código Tributário Nacional abandona as noções de "contribuinte" e de "responsável" (do art. 121, parágrafo único) e fala em "responsabilidade por infrações" (arts. 136 a 138), onde, visivelmente, o diploma refere-se a alguém que (além ou a par de ser infrator) tanto pode ser "contribuinte" de tributo quanto pode ocupar a condição de "responsável" por tributo, como ainda, *pode não ser nem uma coisa nem outra*, mas apresentar-se como mero sujeito passivo de *obrigação acessória*, cujo descumprimento pode colocá-lo na posição de *infrator*. *Responsável*, no que tange à *responsabilidade por infrações*, é a pessoa (não necessariamente o *contribuinte* de algum tributo) que, por ter praticado uma infração, deve *responder* por ela, vale dizer, deve submeter-se às conseqüências legais de seu ato ilícito.
>
> O curioso é que o Código Tributário Nacional, embora, nos arts. 136 a 138, tenha cuidado de "responsabilidade por infrações" como disciplina aplicá-

vel também à figura do sujeito passivo *contribuinte* e não apenas à do sujeito passivo *responsável*, não percebeu que o assunto mereceria tratamento à parte (pois o tema da *responsabilidade tributária*, no sentido de *sujeição passiva indireta*, esgotara-se no art. 135), e com isso perde a oportunidade de expurgar, do conceito de obrigação tributária principal, a referência às sanções de infrações.[33]

E segue o Professor Luciano Amaro, agora fazendo referência expressa ao problema de polissemia dos vocábulos "responsável" e "responsabilidade":

> A seção sobre *responsabilidade por infrações* foi, com evidente falta de técnica, inserida no capítulo que, nas demais seções, cuida do *sujeito passivo indireto* (que o CTN designou como "responsável"). Com efeito, depois de tratar do sujeito passivo indireto nos arts. 128 a 134, minudenciando várias situações em que alguém, que não o contribuinte, pode ocupar o pólo passivo da obrigação tributária, o Código passa, nos artigos seguintes, a disciplinar a *responsabilidade por infrações* que, obviamente, não é matéria restrita ao sujeito passivo indireto ("responsável"), abrangendo, também, a figura do contribuinte (sujeito passivo direto).
>
> Certamente esse erro decorre da plurivocidade do vocábulo "responsável". A palavra é comumente empregada para designar qualquer pessoa que arca com as conseqüências de atos seus ou de terceiros. Quando o Código Tributário Nacional chamou certas pessoas (sujeitos passivos de obrigações tributárias) de "responsáveis", assim designou determinado tipo ou modalidade de sujeição passiva. O vocábulo tem, aí, acepção jurídica estrita, não abrangendo a figura do "contribuinte", que, porém, numa acepção lata, também "responde" pelo pagamento do tributo.
>
> Neste capítulo, o Código, na verdade, emprega os vocábulos "responsável" e "responsabilidade" em múltiplas acepções: a) sujeito passivo indireto; b) submissão de alguém aos efeitos dos seus atos (responsabilidade por infrações); c) responsabilidade do representado pelos atos do representante, que age em nome e por conta daquele; d) responsabilidade do representante legal perante o representado (por exemplo, o pai, em relação aos filhos).[34]

[33] AMARO, Luciano. **Direito tributário brasileiro**. – 11. ed. rev. e atual. – São Paulo: Saraiva, 2005, p. 306-307.

[34] AMARO, Luciano. **Direito tributário brasileiro**. – 11. ed. rev. e atual. – São Paulo: Saraiva, 2005, p. 440-441.

Saliente-se, assim, que o sujeito passivo de obrigação tributária acessória também pode figurar como infrator de infração tributária. Basta que tenha deixado de atender a alguma determinação que lhe tenha sido dirigida pela legislação tributária.

Entendemos que essa responsabilidade não é objetiva, como pode parecer à primeira leitura do artigo 136. Disposições de natureza sancionatória exigem, no mínimo, o elemento "culpa". É o que nos parece que ocorre aqui. Ao referir a ideia de ausência de intenção, o dispositivo está estatuindo que a responsabilidade especial tratada não exige o elemento subjetivo do dolo, ou seja, não precisa ser intencional, mas, à evidência, exige a culpa do agente.

Nessa trilha, doutrina o Professor Luciano Amaro,

> A doutrina costuma, à vista desse dispositivo, dizer que a responsabilidade por infrações tributárias *é objetiva*, uma vez que não seria necessário pesquisar a eventual presença do elemento subjetivo (dolo ou culpa). Veja-se, por exemplo, a lição de Ricardo Lobo Torres, Paulo de Barros Carvalho e Eduardo Marcial Ferreira Jardim.
>
> Por outro lado, Luiz Flávio Gomes diz que o art. 136 é "absolutamente inconstitucional", por tratar da "responsabilidade no sentido 'objetivo' (imposição de sanção sem dolo ou culpa)", conflitando com a "presunção de inocência".
>
> Talvez o Código não mereça nenhum desses comentários. O preceito questionado diz, em verdade, que a responsabilidade não depende da *intenção*, o que torna (em princípio) irrelevante a presença de *dolo* (vontade consciente de adotar a conduta ilícita), mas não afasta a discussão da *culpa* (em sentido estrito). Se ficar evidenciado que o indivíduo não quis descumprir a lei, e o eventual descumprimento se deveu a razões que escaparam a seu controle, a infração ficará descaracterizada, não cabendo, pois, falar em responsabilidade.[35]

Note-se, ainda, que o agente infrator, nas hipóteses do artigo 137, pode ser responsabilizado pelo valor pecuniário da multa e do tributo que tenha sido gerado por seu proceder ilícito:

[35] AMARO, Luciano. **Direito tributário brasileiro.** 11. ed. rev. e atual. – São Paulo: Saraiva, 2005, p. 444-445.

> A responsabilidade do artigo 137 do Código Tributário Nacional é *quanto às infrações*, nada se diz quanto ao tributo. Entretanto, não parece possível exigir o tributo do representado, quando o fato tributário não é a ele imputável.
>
> [...]
>
> Se o agente incorre diretamente no fato jurídico tributário, então não há como exigir da pessoa jurídica o tributo: o próprio agente há de responder pelo tributo e pela penalidade.[36]

O próprio Código Tributário Nacional estatui que a *"imposição de penalidade não ilide o pagamento integral do crédito tributário"* (artigo 157).

Por fim, adentrando em outro terreno, cumpre destacar o conteúdo da solidariedade tributária, que é tratado nos artigos 124 e 125 do Código Tributário Nacional:

> Art. 124. São solidariamente obrigadas:
>
> I – as pessoas que tenham interesse comum na situação que constitua o fato gerador da obrigação principal;
>
> II – as pessoas expressamente designadas por lei.
>
> Parágrafo único. A solidariedade referida neste artigo não comporta benefício de ordem.
>
> Art. 125. Salvo disposição de lei em contrário, são os seguintes os efeitos da solidariedade:
>
> I – o pagamento efetuado por um dos obrigados aproveita aos demais;
>
> II – a isenção ou remissão de crédito exonera todos os obrigados, salvo se outorgada pessoalmente a um deles, subsistindo, nesse caso, a solidariedade quanto aos demais pelo saldo;
>
> III – a interrupção da prescrição, em favor ou contra um dos obrigados, favorece ou prejudica aos demais.

Discerne o Código Tributário Nacional duas situações de solidariedade tributária. Na primeira, a do inciso I do referido artigo 124, fica claro que o responsável deve apresentar proximidade ao fato gerador. Utiliza-se a expressão "interesse comum" para caracterizar essa situação. Esse interesse comum deve significar uma relação direta com a situação do fato gerador. Ele deve ressair imediatamente do fato gerador, sem a necessidade

[36] SCHOUERI, Luís Eduardo. **Direito tributário.** – 2. ed. – São Paulo: Saraiva, 2012, p. 546-547.

de intermediações, como, por exemplo, de definição específica na lei instituidora do tributo. É chamada de "solidariedade de fato". A solidariedade decorrente de lei já é objeto do inciso II desse artigo 124. Ela necessita de intermediação da lei tributária, que dispõe um terceiro como responsável pelo pagamento do tributo. É chamada de "solidariedade de direito".

A obrigação solidária é um conceito ancestral de Direito Civil. O Código Civil de 2002 dispõe:

> Art. 264. Há solidariedade, quando na mesma obrigação concorre mais de um credor, ou mais de um devedor, cada um com direito, ou obrigado, à dívida toda.
>
> Art. 265. A solidariedade não se presume; resulta da lei ou da vontade das partes.

O conceito de solidariedade não pode e não deve ser alterado pelo Direito Tributário, contudo, seus efeitos fiscais podem ser disciplinados. Observados os ditames dos arts. 109 e 110 do Código Tributário Nacional, no Direito Tributário, a solidariedade sempre é passiva, nunca ativa. Aqui ela sempre resulta de lei, nunca da vontade das partes, seja da lei conformadora do fato gerador, ou da lei que eleja terceiro como responsável. Enuncia Luciano Amaro sobre o tema,

> Sabendo-se que a eleição de terceiro como responsável supõe que ele seja *vinculado* ao fato gerador (art. 128), é preciso distinguir, de um lado, as situações em que a responsabilidade do terceiro deriva do fato de ele ter "interesse comum" no fato gerador (o que dispensa previsão na lei instituidora do tributo) e, de outro, as situações em que o terceiro tenha *algum outro interesse* (melhor se diria, as situações com as quais ele tenha algum *vínculo*) em razão do qual ele possa ser eleito como responsável. Neste segundo caso é que a responsabilidade solidária do terceiro dependerá de a lei expressamente a estabelecer.[37]

Uma amostra que vem sendo manejada sobre o interesse comum do artigo 124, inciso I, do Código Tributário Nacional é a situação da copropriedade de um imóvel por duas pessoas. Ambas seriam sujeitos passi-

[37] AMARO, Luciano. **Direito tributário brasileiro.** 11. ed. rev. e atual. – São Paulo: Saraiva, 2005, p. 315.

vos e contribuintes do imposto sobre a propriedade territorial do imóvel único. E ambas também seriam responsáveis solidárias pelo pagamento do todo devido. Mostra-se oportuno frisar: a solidariedade de fato vincula duas pessoas que são contribuintes igualmente do tributo. Ambas possuem relação direta com o fato gerador. Ambas o praticaram e sofreram ou beneficiaram-se de seus efeitos.

Reforça o Professor Luís Eduardo Schoueri,

> Interesse comum só têm as pessoas que estão no mesmo polo na situação que constitui o fato jurídico tributário. Assim, por exemplo, os condôminos têm "interesse comum" na propriedade; se esta dá azo ao surgimento da obrigação de recolher o IPTU, são solidariamente responsáveis pelo pagamento do imposto todos os condôminos. Note-se que o débito é um só, mas todos os condôminos se revestem da condição de sujeitos passivos solidários.
>
> Não se constituem "interesse comum", por outro lado, as posições antagônicas em um contrato, mesmo quando em virtude deste surja um fato jurídico tributário. Assim, comprador e vendedor não têm "interesse comum" na compra e venda: se o vendedor é contribuinte do ICMS, devido na saída da mercadoria objeto da compra e venda, o comprador não será solidário com tal obrigação.[38]

Demais disso, como já anotado, o artigo 124, inciso II, do Código Tributário Nacional prevê que a lei da exação possa definir o responsável solidário. Ele precisa ter algum "outro interesse" no fato gerador que não seja aquele "interesse comum" já utilizado no inciso anterior. Para ilustrar, na alienação de imóvel, a lei poderia, hipoteticamente, eleger como contribuinte qualquer uma das partes, vendedor ou comprador (artigo 42 do Código Tributário Nacional). Eleito um desses, o outro somente poderia ser responsável solidário se existisse disposição legal expressa nesse sentido. Entre vendedor e comprador não existiria interesse comum, pelo contrário, os interesses são diametralmente opostos, pois um quer vender e o outro, comprar. Neste caso, para haver solidariedade, a lei precisaria a prever expressamente, tipificando vendedor e comprador como responsáveis pela integralidade da exação.

Nenhum terceiro pode ser colocado no polo passivo de uma relação tributária sem uma razão jurídica relevante. Assim, na solidariedade de

[38] SCHOUERI, Luís Eduardo. **Direito tributário.** – 2. ed. – São Paulo: Saraiva, 2012, 503.

direito, também se faz presente um temperamento sancionatório na eleição que o legislador faz de sua utilização. Quem for colocado como responsável tributário solidário por disposição de lei é porque praticou algum ato ilícito, que induziu tal situação. Se não possui relação jurídica direta com o fato gerador, faltou em alguma relação jurídica secundária que com este tinha algum vínculo. A respeito, discorre o Professor Paulo de Barros Carvalho que:

> [...] devemos entender que os devedores solidários instituídos pela lei, e estranhos ao evento jurídico-tributário, não são, na verdade, componentes daquele liame obrigacional, mas de outro, de cunho sancionatório, que irrompe à luz pelo descumprimento de algum dever. Ninguém pode ser compelido a pagar tributo sem que tenha realizado, ou participado da realização de um fato, definido como tributário pela lei competente. E a prova *ad rem* dessa afirmação está nos numerosos exemplos que o direito positivo brasileiro oferece. Simplesmente em todas as hipóteses de responsabilidade solidária, veiculadas pelo Código Tributário Nacional, em que o coobrigado não foi escolhido no quadro da concretude fáctica, peculiar ao tributo, ele ingressa como tal por haver descumprido dever que lhe cabia observar.[39]

Em fecho, no nosso entendimento, apresentam-se como espécies de sujeitos passivos tributários da obrigação principal o "contribuinte" e o "responsável tributário *lato sensu*". Esta modalidade é composta pelas subespécies "substituto tributário" e "responsável tributário *stricto sensu*". A última fragmenta-se, ainda, em responsável por sucessão (artigos 129 a 133 do Código Tributário Nacional) e responsável por ato ou omissão (artigos 134 e 135 do Código Tributário Nacional). Essas figuras, como visto, apresentam maior ou menor proximidade para com o fato gerador. Esse elemento determina a posição do sujeito nessa gradação classificatória.

Reitere-se que temos que a responsabilidade por infração (artigos 136 a 138 do Código Tributário Nacional) não é espécie de responsabilidade tributária *lato sensu*, sendo, deveras, objeto de outro fenômeno tributário que pode afetar os sujeitos passivos tributários em geral.

A "solidariedade" não é uma espécie de "sujeição passiva tributária". Aquela é um dos estados pelos quais esta pode se apresentar. Dois sujeitos

[39] CARVALHO, Paulo de Barros. **Curso de Direito Tributário.** 7. ed. atual. – São Paulo: Saraiva, 1995, p. 218.

do mesmo polo da relação jurídica podem ser contribuintes da exação, e, assim, devedores solidários (artigo 121, inciso I, do Código Tributário Nacional). O substituto tributário exclui a responsabilidade tributária do contribuinte, logo, nem de solidariedade se cogita. Todavia, pode haver responsáveis tributários *stricto sensu* que respondem pela exação solidariamente com o contribuinte. Por vezes, como visto, essa solidariedade pode se fazer presente de forma subsidiária, ou seja, somente depois de ficar evidenciado que o contribuinte não possui condições de arcar com a exação (artigo 134 do Código Tributário Nacional). E há casos em que a responsabilidade tributária *stricto sensu* exclui a responsabilidade do contribuinte (artigo 135 do Código Tributário Nacional), similarmente como acontece com a substituição tributária.

Neste item, fez-se revisão sobre conceitos jurídicos tributários essenciais que colaborarão com o desenvolvimento do objeto deste trabalho, consoante se verá a seguir.

2
Natureza Jurídica da Função Notarial e Registral

Os serviços extrajudiciais notariais e de registros possuem assento constitucional no artigo 236 da Constituição da República Federativa do Brasil de 1988:

> Art. 236. Os serviços notariais e de registro são exercidos em caráter privado, por delegação do Poder Público.
>
> § 1º Lei regulará as atividades, disciplinará a responsabilidade civil e criminal dos notários, dos oficiais de registro e de seus prepostos, e definirá a fiscalização de seus atos pelo Poder Judiciário.
>
> § 2º Lei federal estabelecerá normas gerais para fixação de emolumentos relativos aos atos praticados pelos serviços notariais e de registro.
>
> § 3º O ingresso na atividade notarial e de registro depende de concurso público de provas e títulos, não se permitindo que qualquer serventia fique vaga, sem abertura de concurso de provimento ou de remoção, por mais de seis meses.

Os serviços extrajudiciais notariais e de registros, como consta expressamente na Carta Política, são exercidos por pessoas físicas, de forma privada, por meio de delegação, sendo necessário provimento por intermédio de concurso público de provas e títulos.

O mencionado parágrafo 1º do artigo 236 da Constituição da República Federativa do Brasil de 1988 é regulamentado pela Lei 8.935/94, cujo artigo 1º estabelece:

> Art. 1º Serviços notariais e de registro são os de organização técnica e administrativa destinados a garantir a publicidade, autenticidade, segurança e eficácia dos atos jurídicos.[40]

Comentando essa Norma, ensina o Professor Walter Ceneviva,

> O substantivo *serviço*, quer tomado isoladamente, quer adjetivado por notarial e registral, tem sempre o significado genérico de atividade profissional de interesse do tomador, sem relação de subordinação pelo prestador.
>
> *Notários* e *registradores* são profissionais cujos atos, atribuídos por lei, são remunerados por pessoas naturais ou jurídicas (as *partes*) e não pelo Estado. Por isso se diz que são titulares de serventias não oficializadas, querendo, assim, afirmar que se trata de atividade não estatizada, muito embora substitua o Estado em serviços gratuitos ou pagos, para o público em geral, mesmo que mantido o caráter privado de sua atuação.
>
> Os serviços notariais e de registros são remunerados por meio de custas e emolumentos, conforme regimento editado pelo Poder Público. Percentuais das custas e dos emolumentos ou valores certos, fixados em lei ou regulamento, são repassados para os cofres do Estado (*v.*, ainda, o comentário ao art. 3º).
>
> As sedes de trabalho desses profissionais passaram a ser denominadas *serviços*, para fugir do termo *cartório*, que tradicionalmente os caracterizou, e para escapar do significado pejorativo assumido no linguajar comum. Não haverá, pois, como fugir do uso clássico, considerando que o termo continua referido em outras leis vigentes e na fala do povo.
>
> [...]
>
> *Serviços notariais* são prestados pessoalmente por notários ou tabeliães, ou por seus prepostos, sob a responsabilidade daqueles, em serventias voltadas para o atendimento do povo em geral.
>
> *Serviço notarial* é a atividade de agente público, autorizado por lei, de redigir, formalizar e autenticar, com fé pública, instrumentos que consubstanciam atos jurídicos extrajudiciais do interesse dos solicitantes, sendo também permitido a autoridades consulares brasileiras, na forma de legislação especial.

[40] BRASIL. Lei 8.935, de 18.11.1994. **Regulamenta o art. 236 da Constituição Federal, dispondo sobre serviços notariais e de registro (Lei dos cartórios).** Brasília, DF: Presidência da República, 1994. Disponível em: http://www4.planalto.gov.br/legislacao/. Acesso em: 27 mai. 2020.

> [...]
>
> *Serviços de registro* dedicam-se, como regra, ao assentamento de títulos de interesse privado ou público, para sua oponibilidade a todos os terceiros, com a publicidade que lhes é inerente, garantindo, por definição legal, a segurança, a autenticidade e a eficácia dos atos da vida civil a que se refiram. Submetidos ao princípio do *numerus clausus*, são limitados aos previstos nas leis vigentes do País.[41]

Os serviços extrajudiciais notariais e de registros são exercidos por meio de uma delegação *sui generis* de uma função estatal. Seus delegatários são pessoas físicas em função de auxílio ao serviço estatal. São terceiros em colaboração com o serviço público.

Aprofunda o ensino dessa matéria o Professor Celso Antônio Bandeira de Mello,

> Quem quer que desempenhe funções estatais, *enquanto as exercita*, é um agente público. Por isto, a noção abarca tanto o chefe do Poder Executivo (em quaisquer das esferas) como os senadores, deputados e vereadores, os ocupantes de cargos ou empregos públicos da Administração direta dos três Poderes, os servidores das autarquias, das fundações governamentais, das empresas públicas e sociedades de economia mista nas distintas órbitas de governo, os concessionários e permissionários de serviço público, os delegados de função ou ofício público, os requisitados, os contratados sob locação civil de serviços e os gestores de negócios públicos.
>
> [...]
>
> 2. Dentre os mencionados, *alguns integram o aparelho estatal*, seja em sua estrutura direta, seja em sua organização indireta (autarquias, empresas públicas, sociedades de economia e fundações governamentais). *Outros não integram a constelação de pessoas estatais*, isto é, são **alheios ao aparelho estatal**, permanecem exteriores a ele (concessionários, permissionários, **delegados de função ou ofício público**, alguns requisitados, gestores de negócios públicos e contratados por locação civil de serviços). Todos eles, entretanto, estão sobre um denominador comum que os radicaliza: **são, ainda que alguns deles apenas episodicamente, agentes que exprimem manifestação estatal**, munidos de uma qualidade que só podem possuir porque o Estado lhes emprestou sua

[41] CENEVIVA, Walter. **Lei dos notários e dos registradores comentada: Lei n. 8.935/94.** – 9ª. ed. rev. e atual. – São Paulo: Saraiva, 2014, p. 37, 38 e 40.

força jurídica e os habilitou a assim agirem ou, quando menos, **tem que reconhecer como estatal o uso que hajam feito de certos poderes**.

[...]

3. A noção de agente público não é construção sistemática de caráter meramente acadêmico, mas tem repercussão no ordenamento jurídico positivo. Com efeito, é ela que deve ser tomada como ponto de partida – e não o conceito de servidor público ou funcionário público – para o subseqüente reconhecimento de quem pode ser caracterizado como sujeito passivo de mandado de segurança ("autoridade"). Deveras, quem pôde ou teve que manejar poderes correlatos ao exercício de uma função pública há de ter seus atos contrastados judicialmente pelas mesmas vias instituídas como prestantes para o controle dos atos estatais.

[...]

[...] Os agentes públicos podem ser divididos em três grandes grupos, dentro nos quais são reconhecíveis ulteriores subdivisões. A saber: a) *agentes políticos*; b) *servidores estatais, abrangendo servidores públicos e servidores das pessoas governamentais de Direito Privado*; e c) ***particulares em atuação colaboradora com o Poder Público***.

[...]

Agentes políticos são os titulares dos cargos estruturais à organização política do País, ou seja, ocupantes dos que integram o arcabouço constitucional do Estado, o esquema fundamental do Poder. Daí que se constituem nos formadores da vontade superior do Estado. São agentes políticos apenas o Presidente da República, os Governadores, Prefeitos e respectivos vices, os auxiliares imediatos dos Chefes de Executivo, isto é, Ministros e Secretários das diversas Pastas, bem como os Senadores, Deputados federais e estaduais e os Vereadores.

[...]

A designação *servidores estatais* – que ora se sugere em atenção à mudança constitucional – abarca todos aqueles que entretêm com o Estado e suas entidades da Administração indireta, independentemente de sua natureza pública ou privada (autarquias, fundações, empresas públicas e sociedades de economia mista), relação de trabalho de *natureza profissional* e caráter não eventual *sob vínculo de dependência*.

[...]

Servidor público, como se pode depreender da Lei Maior, é a designação genérica ali utilizada para englobar, de modo abrangente, todos aqueles que mantém vínculos de trabalho *profissional* com as entidades governamentais, *integrados em cargos ou empregos* da União, Estados, Distrito Federal, Municípios, respectivas autarquias e fundações de Direito Público. Em suma: são os que entretêm *com o Estado e com as pessoas de Direito Público da Administração indireta* relação de trabalho de natureza *profissional* e caráter não eventual *sob vínculo de dependência.*

[...]

c) Particulares em colaboração com a Administração

10. Esta terceira categoria de agentes é composta por sujeitos que, sem perderem sua qualidade de particulares – portanto, de pessoas alheias à intimidade do aparelho estatal (com exceção única dos recrutados para serviço militar) –, **exercem função pública, ainda que às vezes apenas em caráter episódico.**

Na tipologia em apreço reconhecem-se:

a) *requisitados* para prestação de atividade pública, quais os jurados, membros de Mesa receptora ou apuradora de votos quando das eleições, recrutados para o serviço militar obrigatório etc. Estes agentes exercem um *múnus* público;

b) os que *sponte propria* assumem a gestão da coisa pública como "gestores de negócios públicos", perante situações anômalas, para acudir a necessidades públicas prementes;

c) *contratados por locação civil de serviços* (como, por exemplo, um advogado ilustre contratado para sustentação oral perante Tribunais);

d) ***concessionários e permissionários de serviços públicos*, bem como os *delegados de função ou ofício público*, quais os titulares de serventias da Justiça não oficializadas, como é o caso dos notários, *ex vi* do art. 236 da Constituição**, e bem assim outros sujeitos que praticam, com o reconhecimento do Poder Público, certos atos dotados de força jurídica oficial, como ocorre com os diretores de Faculdades particulares reconhecidas.[42/43]

Acrescenta, outrossim, o Doutor Leonardo Brandelli,

O sistema adequado de notariado, sem sobra de dúvidas, é o de profissionais. A vivência histórica já demonstrou de maneira contundente que o

[42] BANDEIRA DE MELLO, Celso Antônio. **Curso de direito administrativo**. 18ª edição. – Ed. Malheiros: São Paulo, 2005, p. 229-234.

[43] Grifos nossos.

> notariado de profissionais, que exercem sua atividade de modo livre e independente, fornece à sociedade uma atividade notarial muito mais competente, de qualidade, e que realmente se presta a seus fins.
>
> [...]
>
> O notariado brasileiro pode ser classificado como notariado de profissionais, uma vez que exerce sua atividade de modo privado, não integrando a categoria dos funcionários públicos, como aliás determinam o art. 236, *caput*, da Constituição Federal, e o art. 3º da Lei n. 8.935/94. Após a aprovação em concurso público de provas e títulos, com já mencionamos, o novo notário recebe a delegação do exercício da atividade notarial e passa a exercê-la em caráter privado, como um profissional independente e responsável juridicamente por seus atos.
>
> Classificam-se ainda os notários do Brasil como de número, porquanto não há liberdade para instalar serventias notariais, sendo o número delas predeterminado, havendo a sua criação somente quando imperativo, por força da necessidade, com base em critérios preestabelecidos.[44]

Essa natureza jurídica de pessoa física terceira em colaboração com o serviço público vem sendo reconhecida pelo Supremo Tribunal Federal (STF). Para ilustrar, citam-se trechos da ementa do acórdão de recente[45] e paradigmático precedente do Plenário do Supremo Tribunal Federal (RE 842.846-SC):

> **1.** Os serviços notariais e de registro são exercidos em caráter privado, por delegação do Poder Público. **Tabeliães e registradores oficiais são particulares em colaboração com o poder público que exercem suas atividades *in nomine* do Estado, com lastro em delegação prescrita expressamente no tecido constitucional** (art. 236, CRFB/88).
>
> **2.** Os tabeliães e registradores oficiais exercem função munida de fé pública, que destina-se a conferir autenticidade, publicidade, segurança e eficácia às declarações de vontade.
>
> **3.** O ingresso na atividade notarial e de registro depende de concurso público e os atos de seus agentes estão sujeitos à fiscalização do Poder Judiciário, consoante expressa determinação constitucional (art. 236, CRFB/88).

[44] BRANDELLI, Leonardo. **Teoria Geral do Direito Notarial**. 3. ed. São Paulo: Saraiva, 2009, p. 68 e 95.

[45] Elemento temporal desta pesquisa: mai. 2020.

Por exercerem um feixe de competências estatais, os titulares de serventias extrajudiciais qualificam-se como agentes públicos.

[...]

5. Os serviços notariais e de registro, mercê de exercidos em caráter privado, por delegação do Poder Público (art. 236, CF/88), não se submetem à disciplina que rege as pessoas jurídicas de direito privado prestadoras de serviços públicos. É que esta alternativa interpretativa, além de inobservar a sistemática da aplicabilidade das normas constitucionais, contraria a literalidade do texto da Carta da República, conforme a dicção do art. 37, § 6º, que se refere a *"pessoas jurídicas"* prestadoras de serviços públicos, ao passo que notários e tabeliães respondem civilmente enquanto pessoas naturais delegatárias de serviço público, consoante disposto no art. 22 da Lei nº 8.935/94.[46/47]

Está pacificado, portanto, no Direito brasileiro, que as pessoas físicas delegatárias de serviços extrajudiciais notariais e de registros são terceiros que exercem função pública em colaboração com o Poder Estatal.

[46] STF, RE 842.846-SC, Plenário, Rel. Min. Luiz Fux, Sessão de 27.02.2019, DJe de 13.08.2019. Disponível no *site* do STF: http://www.stf.jus.br/portal/principal/principal.asp. Acesso em: 12 jun. 2020.

[47] Grifos nossos.

3
Natureza Jurídica dos Emolumentos Notariais e Registrais

No presente item, será examinada a natureza jurídica dos valores cobrados pelos ofícios notariais e de registros em contrapartida aos serviços prestados.

3.1. Espécies tributárias brasileiras

É relevante estudar as espécies tributárias admitidas no Direito Tributário brasileiro para que se possa conhecer seu regime jurídico. Cada espécie possui suas características, suas possibilidades fenomênicas e sua aplicação no cotidiano dos contribuintes. Com essa incursão, poder-se-á melhor entender a natureza jurídica dos emolumentos notariais e registrais.

O artigo 5º do Código Tributário Nacional, norma de 1966, estabelece que são tributos *"impostos, taxas e contribuições de melhoria."*

Essas três espécies tributárias estão previstas na Constituição da República Federativa do Brasil de 1988, artigo 145:

> Art. 145. A União, os Estados, o Distrito Federal e os Municípios poderão instituir os seguintes tributos:
>
> I – impostos;
>
> II – taxas, em razão do exercício do poder de polícia ou pela utilização, efetiva ou potencial, de serviços públicos específicos e divisíveis, prestados ao contribuinte ou postos a sua disposição;
>
> III – contribuição de melhoria, decorrente de obras públicas.
>
> § 1º Sempre que possível, os impostos terão caráter pessoal e serão graduados segundo a capacidade econômica do contribuinte, facultado à adminis-

tração tributária, especialmente para conferir efetividade a esses objetivos, identificar, respeitados os direitos individuais e nos termos da lei, o patrimônio, os rendimentos e as atividades econômicas do contribuinte.

§ 2º As taxas não poderão ter base de cálculo própria de impostos.

Todavia, além dessas, nossa Carta Política também estabelece como tributos o "empréstimo compulsório", no seu artigo 148; e as "contribuições" ou "contribuições especiais", nos seus artigos 149, 149-A e 195.

O Supremo Tribunal Federal já enunciou, há anos, que acolhe a classificação quinquipartida ou quinquipartite das espécies tributárias (RE 146.733-SP):

> [...] De feito, a par das três modalidades de tributos (os impostos, as taxas e as contribuições de melhoria) a que se refere o artigo 145 para declarar que são competentes para instituí-los a União, os Estados, o Distrito Federal e os Municípios, os artigos 148 e 149 aludem a duas outras modalidades tributárias, para cuja instituição só a União é competente: o empréstimo compulsório e as contribuições sociais, inclusive as de intervenção no domínio econômico e de interesse das categorias profissionais ou econômicas. No tocante às contribuições sociais – que dessas duas modalidades tributárias é a que interessa para este julgamento –, não só as referidas no artigo 149 – que se subordina ao capítulo concernente ao sistema tributário nacional – têm natureza tributária, como resulta, igualmente, da observância que devem ao disposto nos artigos 146, III, e 150, I e III, mas também as relativas à seguridade social previstas no artigo 195, que pertence ao título *"Da ordem social"*. [...].[48]

A propósito, doutrina o Professor Leandro Paulsen,

> São cinco as espécies tributárias estabelecidas pela Constituição: imposto, taxa, contribuição de melhoria, empréstimo compulsório e a contribuição especial.
>
> [...]
>
> Note-se que descaberia referência ao empréstimo compulsório e às contribuições sociais no art. 145 da Constituição porque, salvo as expressas exceções, são de competência exclusiva da União, estando à margem da competência

[48] STF, RE 146.733-SP, Plenário, Rel. Min. Moreira Alves, Sessão de 29/06/1992, DJ de 06/11/1992, Voto do Relator, p. 401. Disponível no *site* do STF: http://www.stf.jus.br/portal/principal/principal.asp. Acesso em: 12 jun. 2020.

tributária dos Estados, Distrito Federal e Municípios. O art. 145, pois, não classifica os tributos, apenas arrola os tributos da competência tanto da União como de Estados, DF e Municípios, deixando aos arts. 148 e 149 a referência aqueles cuja competência é mais restrita.

Efetivamente, não há mais dúvidas, atualmente, de que as contribuições e os empréstimos compulsórios constituem espécies tributárias autônomas e não, como impropriamente se chegou a referir anteriormente à CF/88, impostos com destinação ou impostos restituíveis. Aliás, impostos nem admitem destinação específica (art. 167, IV, da CF), não sendo também passíveis de restituição.[49]

Segundo o artigo 16 do Código Tributário Nacional, "imposto" é o "*tributo cuja obrigação tem por fato gerador uma situação independente de qualquer atividade estatal específica, relativa ao contribuinte.*" É tributo não-vinculado a alguma atuação estatal determinada. Claro que o Estado deve utilizá-lo em favor da Sociedade, contudo, esse retorno dá-se por meio de serviços estatais indivisíveis.

Ainda sobre imposto, refere o Professor Luiz Felipe Silveira Difini,

O conceito legal corresponde ao doutrinário: o tributo em tela não depende de qualquer forma de atuação estatal.

É certo, todavia, que da contribuição dos cidadãos, mormente se exigida compulsoriamente, deverá haver retorno à sociedade, salvo situação de extrema deterioração do aparelho estatal, ou seja, de generalizada corrupção.[50]

O tributo "taxa" interessa sobremaneira a este trabalho, pois, como se verá, já se encontra pacificado em Doutrina e Jurisprudência do Supremo Tribunal Federal que é a espécie que melhor acolhe o conceito dos "emolumentos" que são cobrados nos serviços extrajudiciais notariais e de registros brasileiros.

A taxa está estipulada no artigo 77 do Código Tributário Nacional:

Art. 77. As taxas cobradas pela União, pelos Estados, pelo Distrito Federal ou pelos Municípios, no âmbito de suas respectivas atribuições, têm como

[49] PAULSEN, Leandro. **Curso de direito tributário.** – Porto Alegre: Livraria do Advogado Editora, 2008, p. 37-38.

[50] DIFINI, Luiz Felipe Silveira. **Manual de direito tributário.** – 4. ed. atual. – São Paulo: Saraiva, 2008, p. 26.

fato gerador o exercício regular do poder de polícia, ou a utilização, efetiva ou potencial, de serviço público específico e divisível, prestado ao contribuinte ou posto à sua disposição.

Parágrafo único. A taxa não pode ter base de cálculo ou fato gerador idênticos aos que correspondam a imposto nem ser calculada em função do capital das empresas.

As taxas são tributos vinculados. Pressupõem alguma atuação estatal em favor do contribuinte. Dividem-se em taxa de serviço ou em taxa pelo exercício do poder de polícia (ou taxa de polícia).

Na taxa de serviço, o fato gerador é a *"utilização, efetiva ou potencial, de serviço público específico e divisível, prestado ao contribuinte ou posto à sua disposição"* (artigo 77 do Código Tributário Nacional).

Leciona o Professor Luiz Felipe Silveira Difini,

> O tributo é vinculado e, na modalidade de taxa de serviço, a contraprestação estatal ao contribuinte é um serviço público. A primeira nota qualificativa do serviço é esta: serviço *público*. Não poderia ser diferente, pois as **taxas** (**como tributos que são**) têm de ser **cobradas por entes públicos** (União, Estados, Distrito Federal e Municípios e respectivas autarquias), e os serviços prestados por estes são, por natureza, públicos.
>
> Ainda, a utilização do serviço público não necessita ser real, efetiva: pode ser efetiva *ou potencial*. E o serviço pode ser efetivamente prestado ao contribuinte, ou apenas *posto à sua disposição*. Assim, se não me utilizo do serviço público de coleta de lixo por qualquer razão (ou porque não produzo lixo ou porque elimino-o por outra forma, ou porque o imóvel não está sendo utilizado) não me eximo do pagamento da taxa de lixo (que tenha sido instituída por lei, porque taxa é espécie do gênero tributo e subordina-se ao princípio da legalidade), porque basta que o serviço seja *posto à disposição* do contribuinte.[51/52]

Complementa o Professor Leandro Paulsen,

> O exercício do poder de polícia é realizado e os serviços públicos são prestados porque são atividades do interesse público. Contudo, não há por que

[51] Difini, Luiz Felipe Silveira. **Manual de direito tributário.** – 4. ed. atual. – São Paulo: Saraiva, 2008, p. 33.

[52] Grifos nossos.

toda a sociedade participar do custeio de tais **atividades estatais** na mesma medida se são elas específicas, divisíveis e realizadas diretamente em face ou para determinado contribuinte que a provoca ou demanda. Daí a outorga de competência para a instituição de tributo que atribua o custeio de tais atividades específicas e divisíveis aqueles aos quais foram realizadas, conforme o custo individual do serviço que lhe foi prestado ou fiscalização a que foi submetido, inspirado, pois, na idéia de **justiça comutativa**.[53]

Sobre a taxa de serviço, explana o Professor Celso Ribeiro Bastos,

> [...] há a observar-se que o serviço público prestado deve ser específico e divisível. Dizem-se específicos os serviços que podem ser destacados em unidades autônomas de intervenção, de utilização ou de necessidades públicas, e divisíveis, quando passíveis de utilização separadamente por parte de cada um dos usuários. O serviço de segurança pública é exemplo de serviço indivisível. Já á água levada até a casa do usuário é exemplo de serviço público específico e divisível.
>
> A taxa cobrada há de manter correspondência com o custo do serviço prestado – é o chamado caráter indenizatório, segundo o qual fica proibido o Estado de valer-se das taxas como forma de auferir receitas não ligadas ao serviço prestado.[54]

Quanto à taxa pelo exercício do poder de polícia, regra o Código Tributário Nacional no seu artigo 78:

> Art. 78. Considera-se poder de polícia atividade da administração pública que, limitando ou disciplinando direito, interêsse ou liberdade, regula a prática de ato ou abstenção de fato, em razão de intêresse público concernente à segurança, à higiene, à ordem, aos costumes, à disciplina da produção e do mercado, ao exercício de atividades econômicas dependentes de concessão ou autorização do Poder Público, à tranqüilidade pública ou ao respeito à propriedade e aos direitos individuais ou coletivos. (Redação dada pelo Ato Complementar nº 31, de 1966).

[53] PAULSEN, Leandro. **Curso de direito tributário.** – Porto Alegre: Livraria do Advogado Editora, 2008, p. 40.

[54] BASTOS, Celso Ribeiro. **Curso de direito financeiro e de direito tributário.** – 4. ed. atual. – São Paulo: Saraiva, 1995, p. 150.

> Parágrafo único. Considera-se regular o exercício do poder de polícia quando desempenhado pelo órgão competente nos limites da lei aplicável, com observância do processo legal e, tratando-se de atividade que a lei tenha como discricionária, sem abuso ou desvio de poder.

Explica o Professor Celso Ribeiro Bastos sobre "poder de polícia",

> [...] poder de polícia é toda atividade, preventiva ou repressiva, exercida pela Administração com o propósito de disciplinar o exercício dos direitos individuais, de molde a compatibilizá-lo com o exercício de outros direitos dessa natureza, ou até mesmo com igual direito de outras pessoas. Embora essa atividade vise o bem comum, a Administração, toda vez que se vir compelida a atuar através de medidas concretas, como, por exemplo, concedendo alvarás, interditando estabelecimentos, fiscalizando certas atividades, poderá impor ao administrado uma taxa pelo exercício do poder de polícia.[55]

O Professor Luiz Celso de Barros, ainda sob a ordem constitucional anterior, fez interessante e curiosa lista de taxas de polícia que podiam ser encontradas à época (1981):

> A Taxa, cobrada em decorrência do Poder de Polícia do Estado, não irá possuir este nome, porém, como ela se assemelha em muito com o antigo imposto de licença, algumas Taxas de Licenças advêm do Poder de Polícia. Como a cobrança da mesma sujeita-se a noção de cumulatividade (pois todas as entidades podem cobrar), postergou-se a outras legislações específicas, de cada entidade de Direito Público, e não ao Código Tributário Nacional, a instituição das mesmas, somente na análise de cada uma destas legislações é que reconhecemos estas Taxas.
>
> Comumente são cobradas, sob este título, as seguintes Taxas:
>
> * Taxa de Licença de Carnaval
> * Taxa de Licença de Natal, Ano Novo e Reis
> * Taxa de Licença de Finados
> * Taxa de Licença de Quermesse
> * Taxa de Licença de Festas Juninas
> * Taxa de Licença de Funcionamento de Parques de Diversões

[55] BASTOS, Celso Ribeiro. **Curso de direito financeiro e de direito tributário.** – 4. ed. atual. – São Paulo: Saraiva, 1995, p. 151.

* Taxa de Licença de Aprovação de Projetos
* Taxa de Licença de Substituição de Plantas
* Taxa de Licença de Construção de Prédios
* Taxa de Licença de Marquises e Toldos
* Taxa de Licença de Reformas, Reconstruções e Ampliações de Prédios
* Taxa de Licença de Depósito de Materiais nos passeios
* Taxa de Licença de Demolição de Prédios
* Taxa de Licença de Aprovação ou Subdivisão de Terrenos
* Taxa de Licença de Vistorias Técnicas
* Taxa de Localização de Negociantes em Mercados
* Taxa de Localização de Negociantes nas Feiras Livres

A exemplificação acima não esgota a crescente fixação de novas situações que, face o Poder de Polícia da entidade de Direito Público, surgem. A aplicação do artigo 78, do Código Tributário Nacional, portanto, pela sua amplitude, permite a instituição de Taxas, mas, deve-se obedecer alguns critérios, pois, caso contrário, tudo poderia ser inserido dentro deste ilimitado Poder de Polícia.[56]

Por outro lado, sobre "contribuição de melhoria", estatui o Código Tributário Nacional em seu artigo 81:

Art. 81. A contribuição de melhoria cobrada pela União, pelos Estados, pelo Distrito Federal ou pelos Municípios, no âmbito de suas respectivas atribuições, é instituída para fazer face ao custo de obras públicas de que decorra valorização imobiliária, tendo como limite total a despesa realizada e como limite individual o acréscimo de valor que da obra resultar para cada imóvel beneficiado.

A respeito, discorre o Professor Celso Ribeiro Bastos,

A contribuição de melhoria é um tributo cobrado em decorrência de obras públicas. É um tributo da modalidade vinculada, porém indireta, pois além da atuação do Estado, necessário se faz que se interponha uma consequência desta – a ocorrência de valorização imobiliária.[57]

56 BARROS, Luiz Celso. **Direito tributário.** 1ª edição. – Editora Jalovi Ltda.: Bauru/SP, 1981, p. 85-86.

57 BASTOS, Celso Ribeiro. **Curso de direito financeiro e de direito tributário.** – 4. ed. atual. – São Paulo: Saraiva, 1995, p. 153.

De outra parte, a Constituição da República Federativa do Brasil de 1988, em seu artigo 148, dispõe expressamente sobre "empréstimo compulsório":

> Art. 148. A União, mediante lei complementar, poderá instituir empréstimos compulsórios:
> I – para atender a despesas extraordinárias, decorrentes de calamidade pública, de guerra externa ou sua iminência;
> II – no caso de investimento público de caráter urgente e de relevante interesse nacional, observado o disposto no art. 150, III, "b".
> Parágrafo único. A aplicação dos recursos provenientes de empréstimo compulsório será vinculada à despesa que fundamentou sua instituição.

Esse dispositivo constitucional prevê as hipóteses exclusivas e excepcionais de instituição de empréstimos compulsórios, a qual somente pode ser operada pela União e exige lei complementar. Integra sua natureza a previsão de devolução dos valores arrecadados.

Ministra o Professor Roque Antonio Carrazza sobre a matéria,

> Estamos, pois, percebendo que só a União, mediante lei complementar, pode criar empréstimos compulsórios ou aumentar os já existentes. Também é incontestável que existem, no Brasil, duas modalidades de empréstimos compulsórios; a saber: 1) os empréstimos compulsórios para atender a despesas extraordinárias, decorrentes de calamidade pública, de guerra externa ou sua iminência; e, 2) os empréstimos compulsórios no caso de investimento público de caráter urgente e de relevante interesse nacional. Apenas estes últimos precisam, necessariamente, obedecer ao princípio da anterioridade. A lei complementar que os criar ou aumentar deverá aguardar o início do próximo exercício financeiro para incidir.
>
> De sorte que, a atual Constituição, ao contrário do que fazia a anterior (que remetia o assunto à lei complementar), elencou os pressupostos necessários à instituição ou majoração de empréstimos compulsórios.[58]

Por fim, sobre as "contribuições especiais", quinta modalidade tributária de nosso Sistema Constitucional Tributário, cumpre trazer à colação lições do Professor Leandro Paulsen,

[58] CARRAZZA, Roque Antonio. **Curso de direito constitucional tributário.** 6ª. edição, revista e ampliada. – Malheiros Editores: São Paulo, 1994, p. 301-302.

Há situações em que o Estado atua relativamente a um determinado grupo de contribuintes. Não se trata de uma ação geral, a ser custeada por impostos, tampouco de uma situação específica e divisível, a ser custeada por taxa, mas de uma ação voltada a **finalidades específicas**, constitucionalmente destacadas como autorizadoras de tributação, que se refere a determinado **grupo de contribuintes**, de modo que se busca, destes, o seu custeio através de tributo que se denomina de contribuições. Não pressupondo nenhuma atividade direta, específica e divisível, as contribuições não são dimensionadas por critérios comutativos, mas por **critérios distributivos**, podendo variar conforme a capacidade contributiva de cada um.

Tem-se designado simplesmente por "contribuições" ou por "contribuições especiais" (para diferenciar das contribuições de melhoria) tal espécie tributária de que cuida o art. 149 da Constituição. Já as **subespécies** são definidas em atenção às finalidades que autorizam a sua instituição: sociais (CS), de intervenção no domínio econômico (CIDE), do interesse de categorias profissionais ou econômicas (CICPE) e de iluminação pública (CIP).[59]

Finalizado esse reexame das cinco espécies tributárias brasileiras, têm-se melhores condições de adentrar no tema da natureza jurídica dos emolumentos que remuneram os serviços extrajudiciais notariais e de registros.

3.2. Emolumentos extrajudiciais são tributo?

O artigo 236, parágrafo 2º, da Constituição da República Federativa do Brasil de 1988 disciplina que lei federal deve normatizar a fixação de emolumentos relativos aos atos praticados pelos serviços notariais e de registro. Atualmente, essa norma é a Lei 10.169/2000. Cumpre citar seus três primeiros artigos:

> Art. 1º. Os Estados e o Distrito Federal fixarão o valor dos emolumentos relativos aos atos praticados pelos respectivos serviços notariais e de registro, observadas as normas desta Lei.
>
> Parágrafo único. O valor fixado para os emolumentos deverá corresponder ao efetivo custo e à adequada e suficiente remuneração dos serviços prestados.

[59] PAULSEN, Leandro. **Curso de direito tributário.** – Porto Alegre: Livraria do Advogado Editora, 2008, p. 44-45.

Art. 2º. Para a fixação do valor dos emolumentos, a Lei dos Estados e do Distrito Federal levará em conta a natureza pública e o caráter social dos serviços notariais e de registro, atendidas ainda as seguintes regras:

I – os valores dos emolumentos constarão de tabelas e serão expressos em moeda corrente do País;

II – os atos comuns aos vários tipos de serviços notariais e de registro serão remunerados por emolumentos específicos, fixados para cada espécie de ato;

III – os atos específicos de cada serviço serão classificados em:

a) atos relativos a situações jurídicas, sem conteúdo financeiro, cujos emolumentos atenderão às peculiaridades socioeconômicas de cada região;

b) atos relativos a situações jurídicas, com conteúdo financeiro, cujos emolumentos serão fixados mediante a observância de faixas que estabeleçam valores mínimos e máximos, nas quais enquadrar-se-á o valor constante do documento apresentado aos serviços notariais e de registro.

Parágrafo único. Nos casos em que, por força de lei, devam ser utilizados valores decorrentes de avaliação judicial ou fiscal, estes serão os valores considerados para os fins do disposto na alínea b do inciso III deste artigo.

Art. 3º. É vedado:

I – (VETADO).

II – fixar emolumentos em percentual incidente sobre o valor do negócio jurídico objeto dos serviços notariais e de registro;

III – cobrar das partes interessadas quaisquer outras quantias não expressamente previstas nas tabelas de emolumentos;

IV – cobrar emolumentos em decorrência da prática de ato de retificação ou que teve de ser refeito ou renovado em razão de erro imputável aos respectivos serviços notariais e de registro;

V – (VETADO).[60]

Já foi revista, neste trabalho, a natureza jurídica dos serviços prestados pelos delegatários extrajudiciais. Não há dúvida de que são terceiros que colaboram com o Estado *lato sensu* prestando um serviço público. Essa conjuntura contém um feixe de relações jurídicas que, por vezes, parecem

[60] BRASIL. Lei 10.169, de 29.12.2000. Estabelece normas gerais para a fixação de emolumentos dos serviços notariais e de registro. Brasília, DF: Presidência da República, 2000. Disponível em: http://www4.planalto.gov.br/legislacao/. Acesso em: 28 mai. 2020.

um tanto abstrusas. Ao menos duas delas têm profundo vínculo com o objeto deste trabalho e precisam ser aclaradas a fim de serem melhor compreendidas.

Percebe-se, de início, a relação jurídica "Estado – Delegatário", que possui natureza pública e estatutária. O Estado delega ao delegatário a prestação direta de serviço público notarial e registral aos seus cidadãos e empresas administrados. Em contrapartida, o delegatário poderá ficar com uma parcela do valor que é pago pelos administrados. É uma típica relação de Direito Administrativo.

A segunda relação jurídica que chama atenção é a de natureza tributária. O Estado *lato sensu*, presentado nesta situação pela unidade federativa "Estado", estabelece relação jurídico-tributária com o administrado/contribuinte, que precisa e utiliza o serviço notarial e registral que será prestado diretamente pelo delegatário do primeiro. O Estado é "sujeito ativo", o administrado é sujeito passivo "contribuinte", e os valores pagos, denominados emolumentos, são tributo da espécie "taxa". Exsurge a relação jurídica tributária material "Estado – administrado/contribuinte". Nesse liame, o delegatário do serviço extrajudicial apenas funciona como um agente que executa uma função auxiliar da administração fiscal do Estado. Executa a tarefa administrativa de cobrar o tributo "taxa", como se fosse um banco recebendo um pagamento tributário. Repita-se: nessa especial relação jurídico-tributária material "Estado – administrado/contribuinte", o delegatário de serviços extrajudiciais notariais e de registros apenas funciona como um agente arrecadador da taxa devida.

A natureza de taxa dos emolumentos ressai do próprio arquétipo dessa relação jurídica delineada e fica clara já nos artigos iniciais da aludida Lei 10.169/2000.

O Supremo Tribunal Federal vem entendendo, há anos, que os emolumentos são tributo e se amoldam ao conceito de uma "taxa de serviço". No julgamento da medida liminar da ADI 1378-ES, de 30.11.1995, pontuou o Ministro Celso de Mello,

> Impende observar, de outro lado, quanto ao tema ora suscitado, **e no que concerne aos emolumentos**, que essa modalidade de remuneração dos **serviços estatais** prestados por **agentes públicos** (os tabeliães e os oficiais registradores), no desempenho de **delegação** outorgada pelo Poder Público com

fundamento no texto constitucional (**art. 236**), tem sido **igualmente** qualificada como espécie tributária subsumível à noção constitucional de **taxa**.[61]

Também manifestou o Ministro Carlos Velloso no julgamento da ADI 2653-MT, de 08.10.2003:

> Abrindo o debate, esclareça-se que as custas, a taxa judiciária e os emolumentos constituem espécie tributária, são taxas, segundo a jurisprudência do Supremo Tribunal Federal.
>
> Com efeito.
>
> No julgamento da ADI 1.145/PB, por mim relatada, decidiu o Supremo Tribunal Federal,
>
> *"**EMENTA**: CONSTITUCIONAL. TRIBUTÁRIO. CUSTAS E EMOLUMENTOS: NATUREZA JURÍDICA: TAXA. DESTINAÇÃO DE PARTE DO PRODUTO DE SUA ARRECADAÇÃO A ENTIDADE DE CLASSE: CAIXA DE ASSISTÊNCIA DOS ADVOGADOS: INCONSTITUCIONALIDADE. Lei 5.672, de 1992, do Estado da Paraíba.*
>
> *I. – As custas, a taxa judiciária e os emolumentos constituem espécie tributária, são taxas, segundo a jurisprudência iterativa do Supremo Tribunal Federal. Precedentes do STF.*
>
> *II. – A Constituição, art. 167, IV, não se refere a tributos, mas a impostos. Sua inaplicabilidade às taxas.*
>
> *III. – Impossibilidade da destinação do produto da arrecadação, ou de parte deste, a instituições privadas, entidades de classe e Caixa de Assistência dos Advogados. Permiti-lo, importaria ofensa ao princípio da igualdade. Precedentes do Supremo Tribunal Federal.*
>
> *IV. – Ação direta de inconstitucionalidade julgada procedente." ("D. J." de 08.11.2002).*
>
> [...].[62]

Em Sessão Plenária de 20.09.2006, o Supremo Tribunal Federal voltou a reafirmar esse entendimento no julgamento da ADI 3694-AP:

[61] STF, ADI 1.378-ES, Medida Liminar, Plenário. Rel. Min. Celso de Mello, Sessão de 30.11.1995, DJ de 30.05.1997, Voto do Relator, p. 235. Disponível no *site* do STF: http://www.stf.jus.br/portal/principal/principal.asp. Acesso em: 12 jun. 2020.

[62] STF, ADI 2653-MT, Plenário, Rel. Min. Carlos Velloso, Sessão de 08.10.2003, DJ de 31.10.2003, Voto do Relator, p. 234. Disponível no *site* do STF: http://www.stf.jus.br/portal/principal/principal.asp. Acesso em: 12 jun. 2020.

> [...]
>
> II – Custas e emolumentos: serventias judiciais e extrajudiciais: natureza jurídica.
>
> É da jurisprudência do Tribunal que as custas e os emolumentos judiciais ou extrajudiciais tem caráter tributário de taxa.
>
> [...].[63]

Não há dúvidas, hoje, portanto, que emolumentos extrajudiciais são tributo da espécie "taxa". São cobrados em contrapartida à prestação de um serviço público específico e divisível, logo, são "taxa de serviço". Sendo assim, estão submetidos aos princípios gerais do Sistema Tributário Nacional e às limitações constitucionais ao poder de tributar, dispostos na Constituição da República Federativa do Brasil de 1988 (a partir de seu artigo 145).

[63] STF, ADI 3694-AP, Plenário, Rel. Min. Sepúlveda Pertence, Sessão de 20.09.2006, DJ de 06.11.2006, Ementa do Acórdão. Disponível no *site* do STF: http://www.stf.jus.br/portal/principal/principal.asp. Acesso em: 12 jun. 2020.

4
Notários e Registradores no Papel de Sujeitos Passivos de Obrigação Tributária Acessória

No presente item, serão examinadas as muitas obrigações tributárias acessórias dirigidas aos notários e registradores.

4.1. Ponderações iniciais

Os delegatários extrajudiciais são tratados pelo Direito Tributário como pessoas físicas, e, do que já se viu neste trabalho, isso não poderia ser diferente. São pessoas físicas que prestam um serviço público aos administrados/contribuintes por meio de uma delegação estatal.

Contudo, há obrigações tributárias acessórias dirigidas aos delegatários que seriam próprias de pessoas jurídicas. Referimo-nos à obrigação de que os "cartórios" devem ter inscrição no Cadastro Nacional da Pessoa Jurídica (CNPJ), mesmo que não possuam personalidade jurídica. Também há indícios de que, atualmente, haveria exação direta de delegatários que estaria contagiada por essa apenas aparente personalidade jurídica que seria apresentada pelos serviços dos delegatários, caso do ISSQN (Imposto sobre Serviços de Qualquer Natureza), que ainda analisaremos neste trabalho.

Trataremos da matéria neste item iniciando com ponderações do Professor Antonio Herance Filho,

> De minha parte acho que convém começar passando a vocês uma informação de importância capital. As pessoas do notário e do registrador são vistas, pela legislação tributária federal, como pessoas físicas e a Unidade pela qual respondem, em decorrência da delegação que receberam do Estado, não tem personalidade jurídica.

> Analisemos, com muito cuidado, as disposições do artigo 236 da Constituição da República. Os serviços notariais e de registro são exercidos em caráter privado por delegação do Poder Público. Não há delegação, primeiro ponto importante, que envolva pessoa que não seja uma pessoa natural, aquela que como pessoa física responderá pelos atos nos termos do artigo 22 da Lei nº 8.935, de 1994 – Lei dos Notários e Registradores – LNR –, Diploma que, a seguir, será objeto de algumas considerações.[64]

Em outro texto, o Professor Antonio Herance Filho é ainda mais rigoroso em deixar evidenciado o quadro nebuloso que ainda perdura sobre a inexistência de personalidade jurídica do "cartório":

> Os Notários e Registradores brasileiros são profissionais do Direito de que tratam os artigos 236 da Constituição da República e 3º da Lei Federal nº 8.935/1994 e como tal exercem seus respectivos ofícios, que lhes são outorgados pelo Estado (Poder Delegante).
>
> Aprovados em concurso público de provas e títulos as pessoas naturais respectivas mantêm relação com o Poder Delegante, por meio das Corregedorias – permanente (das Comarcas), geral (dos Estados), e nacional (do Conselho Nacional de Justiça).
>
> Tais pessoas, classificadas, do ponto de vista fiscal, como "físicas", praticam atos notariais e de registro num local conhecido como "Cartório" (Denominação (sic) que, embora muito utilizada, é tida como imprópria, já que se refere aos serviços judiciais), ou, ainda, como Serventia ou Unidade.
>
> **Sim, o "Cartório" é o local de trabalho do Notário e do Registrador, assim como o escritório é o local de trabalho do advogado, o consultório é do médico e do dentista.**
>
> E esses locais não têm personalidade jurídica. Ou seja, não são pessoas – nem física, nem jurídica. Eles são entes despersonalizados e no caso dos serviços notariais e de registro ("Cartórios"), **a obrigatoriedade de inscrição no CNPJ (Cadastro Nacional de Pessoa Jurídica), não muda esse panorama**, ou, noutro dizer, não lhes atribui personalidade.

[64] HERANCE FILHO, Antonio. **Regime tributário aplicável ao tabelião e ao oficial de registro: pessoa física ou pessoa jurídica?** Palestra proferida no XIII Congresso Brasileiro de Direito Notarial e de Registro, da Associação dos Notários e Registradores do Brasil (ANOREG/BR) (16-19 nov. 2011, Maceió/AL). Teor da Palestra publicado na Revista Direito Notarial e de Registro, n. 25, jul. 2012, p. 40-43.

> [...]
> Nesse passo, juridicamente falando, **"Cartório" não existe. É o local ou o endereço onde o delegatário, com fé pública, desempenha suas funções.**[65/66]

O Código Tributário Nacional disciplina a obrigação tributária no seu artigo 113:

> Art. 113. A obrigação tributária é principal ou acessória.
> § 1º A obrigação principal surge com a ocorrência do fato gerador, tem por objeto o pagamento de tributo ou penalidade pecuniária e extingue-se juntamente com o crédito dela decorrente.
> § 2º A obrigação acessória decorre da legislação tributária e tem por objeto as prestações, positivas ou negativas, nela previstas no interesse da arrecadação ou da fiscalização dos tributos.
> § 3º A obrigação acessória, pelo simples fato da sua inobservância, converte-se em obrigação principal relativamente à penalidade pecuniária.

A responsabilidade decorrente de obrigação tributária principal dos delegatários extrajudiciais será examinada em itens próprios deste trabalho, que virão na sequência: dimensões de responsável tributário e de contribuinte. Neste momento, focaremos em obrigações acessórias que são dirigidas a notários e registradores.

Começamos este exame específico pela área da obrigação tributária acessória por um aspecto de percepção dos serviços extrajudiciais pelo mundo jurídico em geral e, ocasionalmente, até por nossa própria Sociedade. Parece-nos que o delegatário extrajudicial é imediata ou primeiramente percebido como um devedor ou obrigado de funções fiscalizadoras estatais de naturezas administrativas, tributárias e até criminais. Por vezes, parece-nos que se demora para perceber o delegatário extrajudicial como pagador e contribuinte de tributos. É interessante notar que o contribuinte

[65] HERANCE FILHO, Antonio. **Notários e registradores como pessoas físicas e os serviços notariais e registrais como entes despersonalizados.** *Site* da Associação dos Notários e Registradores do Brasil (ANOREG/BR), 24/04/2017. *Site*: https://www.anoreg.org.br/site/2017/04/24/artigo-notarios-e-registradores-como-pessoas-fisicas-e-os-servicos-notariais-e-registrais-como-entes-despersonalizados-antonio-herance/. Acesso em: 02/05/2020.

[66] Grifos nossos.

do Estado Fiscal, que custeia o Estado Social, também é destinatário de direitos. Ser contribuinte é uma posição meritória e admirável num Estado de Direito. Talvez essa delonga na percepção global dos delegatários extrajudiciais venha de outros tempos, quando se constituiu o conceito social pejorativo, já brevemente abordado neste estudo, no que pertine às pessoas físicas que recebiam "cartórios" de forma hereditária, sem um sistema consistente e sustentável de validação e de meritocracia, panorama que foi alterado positivamente pela Carta Política de 1988 com a exigência de concurso público para ingresso e remoção. Nesse caminho, com efeito, o delegatário extrajudicial é, sim, destinatário de muitas obrigações estatais e tributárias. Um dos primeiros dispositivos legais que vem à lume quando se inicia o estudo do tema é o artigo 134, VI, do Código Tributário Nacional, que dispõe sobre importante feixe de responsabilidade tributária *stricto sensu* do delegatário extrajudicial. Essa conjuntura descrita, possivelmente, quase ofusque – para o interessado que inicia o estudo da matéria – o fato de o delegatário extrajudicial ser também contribuinte de tributos em uma carga considerável e relevante. O exame do assunto nessa ordem também se justifica por uma questão de abordagem lógica. Dentre as muitas existentes, há obrigações tributárias acessórias que geram efeitos, alguns aparentes, no papel do delegatário extrajudicial como sujeito passivo da obrigação principal. Citou-se há pouco a questão da exigência de inscrição no CNPJ. Compreendendo-se alguns temas essenciais da obrigação acessória, como esse mencionado, poder-se-á melhor adentrar no estudo dos papéis de "responsável tributário" e de "contribuinte" dos delegatários extrajudiciais.

Voltando aos trilhos do estudo, sobre o fato gerador da obrigação acessória, estabelece o Código Tributário Nacional em seus artigos 114 e 115:

> Art. 114. Fato gerador da obrigação principal é a situação definida em lei como necessária e suficiente à sua ocorrência.
>
> Art. 115. Fato gerador da obrigação acessória é qualquer situação que, na forma da legislação aplicável, impõe a prática ou a abstenção de ato que não configure obrigação principal.

Obrigação tributária principal é constituída pelo dever de pagar tributo ou penalidade. Todas as demais obrigações tributárias são acessórias.

O fato gerador da obrigação acessória não precisa estar previsto em lei formal, que é a lei aprovada pelo Poder Legislativo. Ele exige tão-somente a utilização de lei material, que é o ato normativo abstrato instituído pelo poder estatal sem passar necessariamente pelo processo legislativo. Isso significa que obrigações tributárias acessórias podem ser previstas em decretos e outros atos infralegais do Poder Executivo. Nesse sentido,

> As obrigações acessórias não limitam a liberdade do contribuinte, tampouco operam ingerência sobre o seu patrimônio. Constituem deveres formais, inerentes à regulamentação das questões operacionais relativas à tributação. Não há, assim, a necessidade de lei em sentido estrito para o estabelecimento de cada obrigação acessória. Os decretos que regulamentam cada tributo podem dispor sobre as respectivas obrigações acessórias. Além disso, é prerrogativa do sujeito ativo da relação jurídico tributária regulamentar as questões operacionais relativas ao tributo de que é credor. A "legislação tributária", pois, tal como definida no art. 96 do CTN, abrangendo os decretos e normas complementares, estabelece as obrigações acessórias.[67]

Impende salientar que o Código Tributário Nacional, expressamente, dispõe que o sujeito passivo da obrigação acessória é *"a pessoa obrigada às prestações que constituam o seu objeto"* (artigo 122).

4.2. Inscrição no CNPJ e preenchimento da DOI e da DOITU

Dito isso, adentrando na realidade do Direito Notarial e Registral, a União, por meio da Receita Federal do Brasil, estabeleceu a obrigação tributária acessória de inscrição dos serviços dos delegatários extrajudiciais no CNPJ. Essa obrigação está prevista, atualmente[68], na Instrução Normativa RFB 1.863/2018, artigo 4º:

> Art. 4º São também obrigados a se inscrever no CNPJ:
>
> [...]
>
> IX – serviços notariais e de registro, de que trata a Lei nº 8.935, de 18 de novembro de 1994, inclusive aqueles que ainda não foram objeto de delegação do Poder Público;

[67] PAULSEN, Leandro. **Direito Tributário: Constituição e Código Tributário à luz da Doutrina e da Jurisprudência**. 9. ed. rev. atual. – Porto Alegre: Livraria do Advogado: ESMAFE, 2007, p. 853.

[68] Elemento temporal desta pesquisa: mai. 2020.

[...].[69]

Refere o Professor Antonio Herance Filho[70] que essa inscrição no CNPJ serve especialmente para o fim de o delegatário preencher a Declaração sobre Operações Imobiliárias (DOI), obrigação tributária acessória atualmente[71] prevista na Instrução Normativa RFB 1.112/2010. A DOI tem a finalidade de possibilitar a fiscalização federal das operações imobiliárias brasileiras. Cumpre citar alguns artigos dessa Norma:

> Art. 1º Aprovar o programa e as instruções para preenchimento da Declaração sobre Operações Imobiliárias (DOI), versão 6.1, para uso obrigatório pelos Serventuários da Justiça, responsáveis por Cartórios de Notas, de Registro de Imóveis e de Títulos e Documentos, relativa às **operações imobiliárias anotadas, averbadas, lavradas, matriculadas ou registradas.**
>
> [...]
>
> Art. 2º A declaração deverá ser apresentada **sempre que ocorrer operação imobiliária de aquisição ou alienação**, realizada por pessoa física ou jurídica, independentemente de seu valor, cujos documentos sejam lavrados, anotados, averbados, matriculados ou registrados no respectivo cartório.
>
> § 1º Deverá ser emitida uma declaração para cada imóvel alienado ou adquirido.
>
> § 2º O valor da operação imobiliária será o informado pelas partes ou, na ausência deste, o valor que servir de base para o cálculo do Imposto sobre a Transmissão de Bens Imóveis (ITBI) ou para o cálculo do Imposto sobre Transmissão Causa Mortis e Doação de Quaisquer Bens ou Direitos (ITCD).
>
> § 3º O preenchimento da DOI deverá ser feito:
>
> I – pelo Serventuário da Justiça titular ou designado para o Cartório de Ofício de Notas, quando da lavratura do instrumento que tenha por objeto

[69] BRASIL. Instrução Normativa RFB nº 1.863, de 27.12.2018. **Dispõe sobre o Cadastro Nacional da Pessoa Jurídica (CNPJ).** Brasília, DF: União, Ministério da Economia, Secretaria da Receita Federal do Brasil, 2018. Disponível em: http://normas.receita.fazenda.gov.br/sijut2consulta/consulta.action. Acesso em: 30 mai. 2020.

[70] Herance Filho, Antonio. **Notários e registradores como pessoas físicas e os serviços notariais e registrais como entes despersonalizados.** *Site* da Associação dos Notários e Registradores do Brasil (ANOREG/BR), 24/04/2017. *Site*: https://www.anoreg.org.br/site/2017/04/24/artigo-notarios-e-registradores-como-pessoas-fisicas-e-os-servicos-notariais-e-registrais-como-entes-despersonalizados-antonio-herance/. Acesso em: 02/05/2020.

[71] Elemento temporal desta pesquisa: mai. 2020.

a alienação de imóveis, fazendo constar do respectivo instrumento a expressão "EMITIDA A DOI";

II – pelo Serventuário da Justiça titular ou designado para o Cartório de Registro de Imóveis, quando o documento tiver sido:

a) celebrado por instrumento particular;

b) celebrado por autoridade particular com força de escritura pública;

c) emitido por autoridade judicial (adjudicação, herança, legado ou meação);

d) decorrente de arrematação em hasta pública; ou

e) lavrado pelo Cartório de Ofício de Notas e não constar a expressão "EMITIDA A DOI";

e) lavrado pelo Cartório de Ofício de Notas, independentemente de ter havido emissão anterior de DOI;

(Redação dada pelo(a) Instrução Normativa RFB nº 1239, de 17 de janeiro de 2012)

III – pelo Serventuário da Justiça titular ou designado para o Cartório de Registro de Títulos e Documentos, quando promover registro de documentos que envolvam alienações de imóveis celebradas por instrumento particular, fazendo constar do respectivo documento a expressão "EMITIDA A DOI".

[...]

Art. 4º A DOI deverá ser apresentada até o último dia útil do mês subsequente ao da lavratura, anotação, averbação, matrícula ou registro do documento, por meio da Internet, utilizando-se a última versão do programa Receitanet disponível no endereço mencionado no parágrafo único do art. 1º.

§ 1º Para a apresentação da DOI relativa a fatos geradores ocorridos a partir de janeiro de 2011, é obrigatória a assinatura digital da declaração mediante utilização de certificado digital válido.

§ 2º As declarações listadas no recibo de entrega, impresso pelo programa gerador da DOI, serão processadas posteriormente pela RFB, estando sujeitas a rejeição.

§ 3º Após 48 (quarenta e oito) horas da transmissão do arquivo pelo programa Receitanet, o Relatório de Erros da DOI estará disponível no sítio da RFB da Internet (Declarações/DOI/Consulta da DOI – Relatório de Erros).

§ 4º Para consultar o Relatório de Erros da DOI, o cartório deverá informar o seu número no **Cadastro Nacional da Pessoa Jurídica (CNPJ)** e o número do recibo de entrega.[72/73]

[72] BRASIL. Instrução Normativa RFB nº 1.112, de 28.12.2010. Dispõe sobre a Declaração sobre Operações Imobiliárias (DOI). Brasília, DF: União, Ministério da Economia, Secretaria

Leciona o Professor Antonio Herance Filho a respeito, *in verbis*,

> Do ponto de vista tributário, diga-se de passo, a única obrigação – do tipo acessório –, que deve ser cumprida por tabeliães de notas, oficiais de registro de imóveis e de títulos e documentos com o número do CNPJ da Unidade, sem que se afaste a responsabilidade do titular ou designado de tabelionato de notas e de registros de imóveis e de títulos de documentos, é a Declaração sobre Operações Imobiliárias – DOI.[74]

A Instrução Normativa RFB 1.112/2010 tem fundamento no Decreto-lei 1.510/1976, cujo artigo 15 apresenta a seguinte redação:

> Art. 15. Os serventuários da Justiça responsáveis por Cartório de Notas ou de Registro de Imóveis, Títulos e Documentos, ficam obrigados a fazer comunicação à Secretaria da Receita Federal dos documentos lavrados, anotados, averbados ou registrados em seus Cartórios e que caracterizam aquisição ou alienação de imóveis por pessoas físicas, conforme definidos no art. 2º § 1º do Decreto-lei nº 1.381, de 23 de dezembro de 1974.[75]

Igualmente há responsabilidade de prestação de informação sobre operações imobiliárias que tenham relação com terrenos da União, nos termos do art. 3º-A do Decreto-lei 2.398/1987:

> Art. 3º-A. Os oficiais deverão informar as operações imobiliárias anotadas, averbadas, lavradas, matriculadas ou registradas nos cartórios de notas ou de registro de imóveis, títulos e documentos que envolvam terrenos da União sob sua responsabilidade, mediante a apresentação de Declaração sobre Operações Imobiliárias em Terrenos da União (Doitu) em meio magnético, nos

da Receita Federal do Brasil, 2018. Disponível em: http://normas.receita.fazenda.gov.br/sijut2consulta/consulta.action. Acesso em: 30 mai. 2020.

[73] Grifos nossos.

[74] HERANCE FILHO, Antonio. **Notários e registradores como pessoas físicas e os serviços notariais e registrais como entes despersonalizados.** *Site* da Associação dos Notários e Registradores do Brasil (ANOREG/BR), 24/04/2017. *Site*: https://www.anoreg.org.br/site/2017/04/24/artigo-notarios-e-registradores-como-pessoas-fisicas-e-os-servicos-notariais-e-registrais-como-entes-despersonalizados-antonio-herance/. Acesso em: 02/05/2020.

[75] BRASIL. Decreto-lei 1.510, de 27.12.1976. Dispõe sobre tributação federal. Brasília, DF: Presidência da República, 1976. Disponível em: http://www4.planalto.gov.br/legislacao/. Acesso em: 08 jun. 2020.

termos que serão estabelecidos, até 31 de dezembro de 2020, pela Secretaria do Patrimônio da União (SPU). (Redação dada pela Lei nº 13.465, de 2017)[76]

Como visto, operações dessa natureza devem ser comunicadas à Secretaria do Patrimônio da União (SPU) por meio da Declaração sobre Operações Imobiliárias em Terrenos da União (DOITU).

4.3. Inscrição no CEI

O delegatário extrajudicial também é obrigado a ter inscrição no Cadastro Específico do INSS (CEI), nos termos do artigo 17, inciso II, alínea "b", e do artigo 19, inciso II, alínea "g", da Instrução Normativa RFB 971/2009:

> Art. 17. Considera-se:
> I – cadastro, o banco de dados contendo as informações de identificação dos sujeitos passivos na Previdência Social;
> II – matrícula, a identificação dos sujeitos passivos perante a Previdência Social, que pode ser o número de inscrição no: (Redação dada pela Instrução Normativa RFB nº 1867, de 25 de janeiro de 2019)
> [...]
> b) Cadastro Específico do INSS (CEI) para equiparados à empresa desobrigados da inscrição no CNPJ, obra de construção civil, produtor rural contribuinte individual, segurado especial, **titular de cartório**, adquirente de produção rural e empregador doméstico, nos termos do art. 19; (Redação dada pela Instrução Normativa RFB nº 1453, de 24 de fevereiro de 2014)
> [...]
> Art. 19. A inscrição ou a matrícula serão efetuadas, conforme o caso:
> I – simultaneamente com a inscrição no CNPJ, para as pessoas jurídicas ou equiparados;
> II – no CEI, no prazo de 30 (trinta) dias contados do início de suas atividades, observado o disposto nos §§ 2º e 3º do art. 17, para as pessoas equiparadas a empresa, quando for o caso, para o produtor rural contribuinte individual, para o segurado especial e para obra de construção civil, casos em que será responsável pela matrícula: (Redação dada pelo(a) Instrução Normativa RFB nº 1867, de 25 de janeiro de 2019)

[76] BRASIL. Decreto-lei 2.398, de 21.12.1987. **Dispõe sobre foros, laudêmios e taxas de ocupação relativas a imóveis de propriedade da União, e dá outras providências.** Brasília, DF: Presidência da República, 1987. Disponível em: http://www4.planalto.gov.br/legislacao/. Acesso em: 08 jun. 2020.

> [...]
>
> g) o **titular de cartório**, sendo a matrícula emitida no nome do titular, ainda que a respectiva serventia seja registrada no CNPJ;
>
> [...].[77/78]

Percebe-se que é a pessoa física do delegatário, equiparada à empresa, que ingressa no CEI, apesar de sua necessária inscrição no CNPJ.

4.4. Livro-Caixa e Livro Diário Auxiliar da Receita e da Despesa

Uma das mais relevantes obrigações tributárias acessórias do delegatário extrajudicial é o preenchimento do Livro-Caixa para fins de apuração da exação de Imposto de Renda. Essa obrigação está prevista no Decreto 9.580/2018, artigos 68 e 69:

> Seção II
>
> Das despesas escrituradas no livro-caixa
>
> Art. 68. O contribuinte que perceber rendimentos do trabalho não assalariado, inclusive os **titulares dos serviços notariais e de registro**, a que se refere o art. 236 da Constituição, e os leiloeiros, poderão deduzir da receita decorrente do exercício da atividade (Lei nº 8.134, de 1990, art. 6º; e Lei nº 9.250, de 1995, art. 4º, *caput*, inciso I):
>
> I – a remuneração paga a terceiros, desde que haja vínculo empregatício, e os encargos trabalhistas e previdenciários correspondentes;
>
> II – os emolumentos pagos a terceiros; e
>
> III – as despesas de custeio pagas, necessárias à percepção da receita e à manutenção da fonte produtora.
>
> Parágrafo único. O disposto neste artigo não se aplica (Lei nº 8.134, de 1990, art. 6º, § 1º):
>
> I – a quotas de depreciação de instalações, máquinas e equipamentos e a despesas de arrendamento;
>
> II – a despesas com locomoção e transporte, exceto na hipótese de representante comercial autônomo; e

[77] BRASIL. Instrução Normativa RFB nº 971, de 13.11.2009. Dispõe sobre normas gerais de tributação previdenciária. Brasília, DF: União, Ministério da Economia, Secretaria da Receita Federal do Brasil, 2009. Disponível em: http://normas.receita.fazenda.gov.br/sijut2consulta/consulta.action. Acesso em: 31 mai. 2020.

[78] Grifos nossos.

> III – em relação aos rendimentos a que se referem os art. 39 e art. 40.
>
> Art. 69. As deduções de que trata o art. 68 não poderão exceder à receita mensal da atividade, permitido o cômputo do excesso de deduções nos meses seguintes, até dezembro do mesmo ano-calendário (Lei nº 8.134, de 1990, art. 6º, § 3º).
>
> § 1º O excesso de deduções porventura existente no final do ano-calendário não será transposto para o ano seguinte (Lei nº 8.134, de 1990, art. 6º, § 3º).
>
> § 2º O contribuinte deverá escriturar as receitas e as despesas em livro-caixa e comprovar a sua veracidade por meio de documentação idônea, mantida em seu poder, à disposição da fiscalização, enquanto não ocorrer a prescrição ou a decadência (Lei nº 8.134, de 1990, art. 6º, § 2º).
>
> § 3º O livro-caixa de que trata o § 2º independerá de registro.[79/80]

Podem ser deduzidas, em síntese, da base de cálculo dos rendimentos dos delegatários extrajudiciais as despesas decorrentes da contratação de empregados celetistas e as de custeio para manutenção da serventia.

Relaciona-se com o assunto do Livro-Caixa tributário a escrituração, pelo delegatário extrajudicial, do Livro Diário Auxiliar da Receita e da Despesa, que foi instituído pelo Provimento 45, de 13.05.2015, da Corregedoria Nacional de Justiça, órgão do Conselho Nacional de Justiça (CNJ). Cuida-se de livro administrativo obrigatório que serve de instrumento à fiscalização dos serviços extrajudiciais pelo Poder Judiciário. Mostra-se oportuno transcrever um dos *considerandos* desse Provimento:

> CONSIDERANDO que a fiscalização da prestação do serviço extrajudicial de notas e registros públicos abrange a verificação da regular observância das obrigações tributárias a que estão sujeitos seus titulares e os responsáveis interinamente por delegações vagas, no que tange ao lançamento de valores que compõem as bases de cálculo do Imposto de Renda (IR) e do Imposto Sobre Serviços (ISS), inclusive;
>
> [...].”[81]

[79] BRASIL. Decreto 9.580, de 22.11.2018. **Regulamenta a tributação, a fiscalização, a arrecadação e a administração do Imposto sobre a Renda e Proventos de Qualquer Natureza.** Brasília, DF: Presidência da República, 2018. Disponível em: http://www4.planalto.gov.br/legislacao/. Acesso em: 31 mai. 2020.

[80] Grifos nossos.

[81] BRASIL. Conselho Nacional de Justiça (CNJ). Provimento 45, de 13.05.2015, da Corregedoria Nacional de Justiça, órgão do Conselho Nacional de Justiça (CNJ). Brasília, DF: Conselho

O Livro Diário Auxiliar da Receita e da Despesa está previsto no artigo 1º, alínea "b", do Provimento 45/2015. Cumpre citar alguns artigos que tratam da escrituração desse Livro Diário:

> Art. 5º. O Livro Diário Auxiliar observará o modelo usual para a forma contábil e terá suas folhas divididas em colunas para anotação da data, da discriminação da receita e da despesa, além do valor respectivo, devendo, quando impresso em folhas soltas, encadernar-se tão logo encerrado.
>
> Art. 6º. A receita será lançada no Livro Diário Auxiliar separadamente, por especialidade, de forma individualizada, no dia da prática do ato, ainda que o delegatário não tenha recebido os emolumentos, devendo discriminar-se sucintamente, de modo a possibilitar-lhe identificação com a indicação, quando existente, do número do ato, ou do livro e da folha em que praticado, ou ainda o do protocolo.
>
> § 1º Para a finalidade prevista no *caput* deste artigo, considera-se como dia da prática do ato o da lavratura e encerramento do ato notarial, para o serviço de notas; o do registro, para os serviços de registros de imóveis, títulos e documentos e civil de pessoa jurídica; o do registro, para os atos não compensáveis do Registro Civil das Pessoas Naturais, e para seus atos gratuitos, o do momento do recebimento do pagamento efetuado por fundo de reembolso de atos gratuitos e fundo de renda mínima.
>
> § 2º Nos Estados em que o pagamento dos emolumentos para o serviço de protesto de título for diferido em virtude de previsão legal, será considerado como dia da prática do ato o da lavratura do termo de cancelamento, o do acatamento do pedido de desistência e o do pagamento do título, se outra data não decorrer de norma estadual específica.
>
> § 3º Os lançamentos relativos a receitas compreenderão os emolumentos previstos no regimento de custas estadual ou distrital exclusivamente na parte percebida como receita do próprio delegatário, em razão dos atos efetivamente praticados, excluídas as quantias recebidas em depósito para a prática futura de atos, os tributos recebidos a título de substituição tributária ou outro valor que constitua receita devida diretamente ao Estado, ao Distrito Federal, ao Tribunal de Justiça, a outras entidades de direito, e aos fundos de renda mínima e de custeio de atos gratuitos, conforme previsão legal específica.

Nacional de Justiça (CNJ), 2015. Disponível em: https://www.cnj.jus.br/atos_normativos/. Acesso em: 03 ago. 2020.

[...]

Art. 8º. As despesas serão lançadas no dia em que se efetivarem e sempre deverão resultar da prestação do serviço delegado, sendo passíveis de lançamento no Livro Diário Auxiliar todas as relativas investimentos, custeio e pessoal, promovidas a critério do delegatário, dentre outras:

a. locação de bens móveis e imóveis utilizados para a prestação do serviço, incluídos os destinados à guarda de livros, equipamentos e restante do acervo da serventia;

b. contratação de obras e serviços para a conservação, ampliação ou melhoria dos prédios utilizados para a prestação do serviço público;

c. contratação de serviços, os terceirizados inclusive, de limpeza e de segurança;

d. aquisição de móveis, utensílios, eletrodomésticos e equipamentos mantidos no local da prestação do serviço delegado, incluídos os destinados ao entretenimento dos usuários que aguardem a prestação do serviço e os de manutenção de refeitório;

e. aquisição ou locação de equipamentos (*hardware*), de programas (*software*) e de serviços de informática, incluídos os de manutenção prestados de forma terceirizada;

f. formação e manutenção de arquivo de segurança;

g. aquisição de materiais utilizados na prestação do serviço, incluídos os utilizados para a manutenção das instalações da serventia;

h. plano individual ou coletivo de assistência médica e odontológica contratado com entidade privada de saúde em favor dos prepostos e seus dependentes legais, assim como do titular da delegação e seus dependentes legais, caso se trate de plano coletivo em que também incluídos os prepostos do delegatário;

i. despesas trabalhistas com prepostos, incluídos FGTS, vale alimentação, vale transporte e quaisquer outros valores que lhes integrem a remuneração, além das contribuições previdenciárias devidas ao Instituto Nacional do Seguro Social – INSS ou ao órgão previdenciário estadual;

j. custeio de cursos de aperfeiçoamento técnico ou formação jurídica fornecidos aos prepostos ou em que regularmente inscrito o titular da delegação, desde que voltados exclusivamente ao aprimoramento dos conhecimentos jurídicos, ou, em relação aos prepostos, à melhoria dos conhecimentos em sua área de atuação;

k. o valor que for recolhido a título de Imposto Sobre Serviço – ISS devido pela prestação do serviço extrajudicial, quando incidente sobre os emolumentos percebidos pelo delegatário;

l. o valor de despesas com assessoria jurídica para a prestação do serviço extrajudicial;

m. o valor de despesas com assessoria de engenharia para a regularização fundiária e a retificação de registro.

Parágrafo único. Serão arquivados na forma definida em lei ou em norma das Corregedorias Gerais da Justiça dos Estados e do Distrito Federal todos os comprovantes das despesas efetuadas, incluindo os de retenção do imposto de renda, pelo prazo mínimo de cinco anos, salvo quando houver expressa previsão de prazo maior.

Art. 9º. Ao final de cada mês serão somadas, em separado, as receitas e as despesas da unidade de serviço extrajudicial, com a apuração do saldo líquido positivo ou negativo do período.

Art. 10. Ao final de cada exercício será feito o balanço anual da unidade de serviço extrajudicial, com a indicação da receita, da despesa e do líquido mês a mês, e apuração do saldo positivo ou negativo do período.

[...]

Art. 12. É facultativa a utilização do Livro Diário Auxiliar também para fins de recolhimento do Imposto de Renda (IR), ressalvada nesta hipótese a obrigação de o delegatário indicar quais as despesas não dedutíveis para essa última finalidade e também o saldo mensal específico para fins de imposto de renda.

Parágrafo único. A mesma faculdade aplica-se para os fins de cálculo de Imposto Sobre Serviços (ISS), hipótese em que deverá ser observada a legislação municipal.

[...]

Art. 15. Este Provimento não revoga, no que forem compatíveis, as normas editadas pelas Corregedorias Gerais da Justiça e pelos Juízes Corregedores, ou Juízes competentes na forma da organização local, relativas à escrituração de Livro Diário, Livro Diário Auxiliar ou Livro Contábil.

Gize-se que o Livro Diário Auxiliar pode ser utilizado para fins de recolhimento do Imposto de Renda Pessoa Física (IRPF) e do Imposto sobre Serviços de Qualquer Natureza (ISSQN). Autoriza o CNJ, assim, que esse livro administrativo obrigatório seja utilizado como Livro-Caixa, obrigação tributária acessória exigida pela Receita Federal do Brasil, como visto.

Para ilustrar, o Tribunal de Justiça do Estado do Rio Grande do Sul (TJRS) permite que seus delegatários extrajudiciais escriturem os dados do Livro Diário de forma telemática por meio de lançamento de extrato de movimento financeiro em portal estatal próprio na *Internet*. Cabe colacionar o art. 60 da sua Consolidação Normativa Notarial e Registral (CNNR/RS), instituída pelo Provimento 001/2020-CGJ:

> Art. 60 – Os titulares e interinos dos serviços extrajudiciais remeterão os seguintes relatórios à Corregedoria-Geral da Justiça, mediante acesso à área "Extrato Mensal" do Portal Extrajudicial do Tribunal de Justiça:
>
> I – até o dia 10 de cada mês, extrato do movimento financeiro do mês anterior.
>
> II – até o dia 31 de janeiro, extrato do movimento dos atos praticados no ano anterior, juntamente com o extrato do movimento financeiro da competência do mês de dezembro.[82]

Esse procedimento do TJRS está fundado no texto do art. 15 do Provimento 45/2015, do CNJ, que autoriza que os Tribunais de Justiça mantenham suas disposições contábeis locais, dês que compatíveis com a norma nacional.

De maneira diversa, o Tribunal de Justiça do Estado de São Paulo (TJSP) replicou, em sua norma local, o procedimento traçado pelo CNJ. Insta transcrever os itens 43 a 47, da Seção II, Subseção I, do Tomo II das Normas de Serviço da Corregedoria Geral da Justiça do Tribunal de Justiça do Estado de São Paulo (TJSP) – Cartórios Extrajudiciais (TII/NSCGJ/SP):

> 43. Com exceção do Livro de Visitas e Correições, a responsabilidade pela escrituração dos demais é direta do delegatário, ainda quando escriturado por um seu preposto.
>
> 43.1. O Livro Registro Diário da Receita e da Despesa observará o modelo usual para a forma contábil e terá suas folhas divididas em colunas para ano-

[82] ESTADO DO RIO GRANDE DO SUL. Tribunal de Justiça do Estado do Rio Grande do Sul. Provimento 001, de 17.01.2020, da Corregedoria-Geral da Justiça do Tribunal de Justiça do Estado do Rio Grande do Sul (TJRS). **Institui o novo texto da Consolidação Normativa Notarial e Registral do Tribunal de Justiça do Estado do Rio Grande do Sul (CNNR/RS).** Porto Alegre, RS: Tribunal de Justiça do Estado do Rio Grande do Sul, 2020. Disponível em: https://www.tjrs.jus.br/novo/processos-e-servicos/servicos-extrajudiciais/servicos-notariais-e-de-registros/. Acesso em: 11 jun. 2020.

tação da data, da discriminação da receita e da despesa, além do valor respectivo, devendo, quando impresso em folhas soltas, encadernar-se tão logo encerrado.

44. A receita será lançada no Livro Registro Diário da Receita e da Despesa separadamente, por especialidade, de forma individualizada, no dia da prática do ato, ainda que o delegatário não tenha recebido os emolumentos, devendo discriminar-se sucintamente, de modo a possibilitar-lhe identificação com a indicação, quando existente, do número do ato, ou do livro e da folha em que praticado.

45. Os lançamentos relativos a receitas compreenderão os emolumentos previstos no regimento de custas estadual exclusivamente na parte percebida como receita do próprio delegatário, em razão dos atos efetivamente praticados, excluídas as quantias recebidas em depósito para a prática futura de atos, os tributos recebidos a título de substituição tributária ou outro valor que constitua receita devida diretamente ao Estado, ao Tribunal de Justiça, a outras entidades de direito, e aos fundos de renda mínima e de custeio de atos gratuitos, conforme previsão legal específica.

46. No lançamento da receita, além do seu montante, haverá referência ao número do ato, ou do livro e da folha em que praticado de forma que possibilite sempre a sua identificação.

47. É vedada a prática de cobrança parcial ou de não cobrança de emolumentos, ressalvadas as hipóteses de isenção, não incidência ou diferimento previstas na legislação específica.[83]

As normas do TJSP, nota-se, seguiram de forma muito similar as disposições delineadas pelo CNJ em seu Provimento 45/2015.

4.5. Preenchimento da RAIS

Passando a outro aspecto deste temário, cabe referir que o delegatário extrajudicial está obrigado ao preenchimento da Relação Anual de Infor-

[83] ESTADO DE SÃO PAULO. Tribunal de Justiça do Estado de São Paulo. Provimento 58, de 28.11.1989, atualizado pelo Provimento 56, de 11.12.2019, ambos da Corregedoria Geral da Justiça do Tribunal de Justiça do Estado de São Paulo. Instituição do **Tomo II das Normas de Serviço da Corregedoria Geral da Justiça do Tribunal de Justiça do Estado de São Paulo (TJSP) – Cartórios Extrajudiciais**. São Paulo, SP: Tribunal de Justiça do Estado de São Paulo, 2019. Disponível em: https://www.tjsp.jus.br/Corregedoria/Comunicados/NormasExtrajudiciais. Acesso em: 11 jun. 2020.

mações Sociais (RAIS), instituída pelo Decreto 76.900/75[84]. O recente[85] "Manual de Orientação da Relação Anual de Informações Sociais (RAIS): ano-base 2019", do Ministério da Economia, deixa clara essa obrigação acessória em diversas de suas passagens. Por exemplo, pode-se citar os seguintes trechos:

> **2. Quem deve declarar**
>
> [...]
>
> e) cartórios extrajudiciais e consórcios de empresas;
>
> [...].
>
> **3. Quem deve ser relacionado**
>
> [...]
>
> d) empregados de cartórios extrajudiciais;
>
> [...].[86]

A RAIS é instrumento de fiscalização, controle e gestão do Fundo de Garantia por Tempo de Serviço (FGTS). Note-se que o Supremo Tribunal Federal já decidiu que as contribuições ao FGTS não possuem natureza tributária: STF, ARE 709.212-DF, Plenário, Rel. Min. Gilmar Mendes, Sessão de 13.11.2014, DJe de 19.02.2015. Os aportes legais ao FGTS são, deveras, contribuições obrigatórias a um pecúlio que é direito dos trabalhadores brasileiros, com assento na Constituição da República Federativa do Brasil de 1988, artigo 7º, III:

> Art. 7º São direitos dos trabalhadores urbanos e rurais, além de outros que visem à melhoria de sua condição social:
>
> [...]
>
> III – fundo de garantia do tempo de serviço;
>
> [...].

[84] BRASIL. Decreto 76.900, de 23.12.1975. **Institui a Relação Anual de Informações Sociais – RAIS e dá outras providências.** Brasília, DF: Presidência da República, 1975. Disponível em: http://www4.planalto.gov.br/legislacao/. Acesso em: 31 mai. 2020.

[85] Elemento temporal desta pesquisa: mai. 2020.

[86] BRASIL. **Manual de Orientação da Relação Anual de Informações Sociais (RAIS): ano-base 2019.** – Brasília: ME, SEPT – STRAB – SPPT – CGCIPE. 52p. Disponível em: http://www.rais.gov.br/sitio/rais_ftp/ManualRAIS2019.pdf. Acesso em: 31 mai. 2020.

Fez-se referência a esse dever legal dos delegatários extrajudiciais neste ponto porque o tema é tratado, no cotidiano pragmático, juntamente com suas obrigações tributárias acessórias.

4.6. Ponderações finais

Por fim, o próprio Código Tributário Nacional, no seu artigo 197, inciso I, estatui que o delegatário extrajudicial tem o dever geral de prestar informações de que disponha em relação a bens, negócios e atividades de terceiro, quanto instado a fazê-lo:

> Art. 197. Mediante intimação escrita, são obrigados a prestar à autoridade administrativa todas as informações de que disponham com relação aos bens, negócios ou atividades de terceiros:
> I – os tabeliães, escrivães e demais serventuários de ofício;
> [...].

Entendemos que ainda há outra hipótese de obrigação tributária acessória dos delegatários extrajudiciais, a qual se refere aos deveres legais de arrecadação e de posterior recolhimento da parcela da "taxa" emolumentos que compete à unidade federativa "Estado" tributante. Como esse ponto não é pacífico e apresenta nuances relevantes e pouco enfrentadas, será enfocado em item próprio a seguir.

5
Obrigação Tributária Acessória e a Taxa "Emolumentos"

É muito interessante e relevante a responsabilidade do delegatário extrajudicial no que atine ao recolhimento da parcela da "taxa" emolumentos que cabe à unidade federativa "Estado" tributante, que é presentado por seu Poder Judiciário local. Desconhece-se manifestação doutrinária que adentre o tema de forma mais abrangente. É o que procuraremos fazer agora.

Já pontuamos que, na relação jurídica tributária material "Estado – administrado/contribuinte", o delegatário do serviço extrajudicial apenas funciona como um agente que executa uma função auxiliar da administração fiscal do Estado. Executa a tarefa administrativa de cobrar o tributo taxa, como se fosse um banco recebendo um pagamento tributário. Nessa especial relação jurídico-tributária material "Estado – administrado/contribuinte", o delegatário de serviços extrajudiciais notariais e de registros apenas funciona como um agente cobrador ou arrecadador da taxa devida. Exerce uma função administrativa a serviço do Estado. O delegatário extrajudicial cobra a taxa devida pelo serviço prestado ao administrado/contribuinte. Uma parcela dessa taxa é sua remuneração pessoal pelo serviço prestado como profissional jurídico autônomo; outra, mantendo sua natureza de tributo, deve ser recolhida ao erário estadual, em conta vinculada ao Tribunal de Justiça local.

A propósito dessa tão-somente função administrativa, pontua o Professor Brandão Machado,

> XXII. Mas a fonte, na verdade, não exerce senão uma função auxiliar da administração fazendária, incumbindo-se de coletar tributos que incidem sobre rendimentos que ela paga a terceiros. Não é um órgão da administra-

> ção pública, como cria Myrbach Rheinfeld (*Grundriss Des Finanzrechts*, Lípsia, 1906, p. 75), mas apenas uma pessoa de direito privado que executa uma tarefa administrativa. Esse fenômeno, de há muito investigado pelos administrativistas (Zanobini, *L'esercizio privato delle funzioni e dei servizi pubblici*, Milão, 1920), voltou a ser objeto de estudo da mais recente ciência do direito administrativo, que vê na fonte, que retém tributo devido por terceiro, não um substituto de sujeito passivo com obrigação própria, mas o **executor de uma tarefa, de uma obrigação legal de fazer, da mesma natureza de tantas outras tarefas administrativas que o Estado impõe aos particulares, ou que estes assumem com ordem dele, como é o caso dos tabeliães**, dos concessionários de serviço público. Entre essas tarefas se inclui a de descontar e recolher tributos como fonte pagadora de rendimentos.[87/88]

Respeitosamente, não concordamos com o Professor Brandão Machado com relação à natureza da fonte pagadora que retém o Imposto de Renda, que, no Sistema Tributário Brasileiro, é responsável *stricto sensu*, como visto quando examinamos acima o artigo 45 do Código Tributário Nacional; contudo, é relevante sua descrição dessa função administrativa de terceiros também utilizada no Direito Tributário.

Pode existir dever legal, previsto na legislação tributária em favor do poder tributante, dirigido a pessoa física ou jurídica terceira com relação ao fato gerador. Esse dever legal, quando existente, caracteriza-se como obrigação tributária acessória, disciplinada no artigo 113 do Código Tributário Nacional, que já foi analisada no item anterior deste trabalho.

Temos que a função exercida pelo delegatário extrajudicial na ora descrita relação jurídica "Estado – administrado/contribuinte" caracteriza-se como o exercício do papel de sujeito passivo de uma obrigação tributária acessória. O delegatário não é protagonista, nesta conjuntura, na relação jurídica da obrigação tributária principal existente entre Estado e administrado/contribuinte usuário do serviço extrajudicial, o qual, este último, deve pagar o tributo taxa que recebe a denominação específica de "emolumentos". Nesse quadro, o delegatário tem a obrigação legal de cobrar e arrecadar o tributo devido pelo usuário em razão da prestação do serviço

[87] MACHADO, Brandão. **Adicional do Imposto de Renda dos Estados.** Repertório IOB Jurisprudência nº 18/1989, 2ª – SETEMBRO, set. 1989, p. 291-296.
[88] Grifos nossos.

extrajudicial; na sequência, tem o dever legal de recolher aos cofres públicos a parcela que cabe, por lei, ao Poder Tributante.

Para ilustrar esse panorama, pode-se ter em conta o criativo sistema delineado no Estado do Rio Grande do Sul, que está fundado na constituição de um fundo financeiro, que é alimentado pelo tributo ("taxa" emolumentos) recolhido na forma de selos. O sistema é objeto da Lei Estadual 12.692/2006, que prevê sistemática de cobrança fiscal do delegatário extrajudicial que tenha deixado de recolher a parcela estatal dos emolumentos. Faz-se oportuno citar seu art. 19:

> Art. 19. O procedimento de apuração e punição das faltas relacionadas com a cobrança indevida de emolumentos, ou a inobservância dos deveres com relação ao FUNORE, será realizado pelo juízo competente, na forma da Lei nº 11.183, de 29 de junho de 1998. (Redação dada pela Lei nº 14.226/13)
>
> § 1º A falta de prestação de contas, a ausência de recolhimento, ou o recolhimento a menor dos valores relativos aos selos devidos ao FUNORE, além de serem consideradas faltas puníveis pela Administração, permitirão pronta cobrança do valor devido, corrigido monetariamente, acrescido de juros de 1% (um por cento) ao mês, e de multa moratória de: (Redação dada pela Lei nº 14.226/13)
>
> I – 5% (cinco por cento) do valor do tributo pago, quando recolhido dentro dos primeiros 15 (quinze) dias subsequentes à data em que deveria ter sido pago; (Redação dada pela Lei nº 14.226/13)
>
> II – 10% (dez por cento) do valor do tributo pago, quando recolhido após o décimo quinto e até o trigésimo dia subsequente à data em que deveria ter sido pago; (Redação dada pela Lei nº 14.226/13)
>
> III – 20% (vinte por cento) do valor do tributo pago, quando recolhido após o trigésimo dia subsequente à data em que deveria ter sido pago. (Redação dada pela Lei nº 14.226/13)
>
> § 2º A multa moratória, de que trata o § 1º, compreenderá também o equivalente à desvalorização da moeda. Em qualquer hipótese, a correção monetária não incidirá sobre as multas, nem sobre os juros de mora acrescidos à obrigação principal. (Redação dada pela Lei nº 14.226/13)
>
> § 3º A falta de prestação de contas até o 5º (quinto) dia útil do mês subsequente ao da prestação do serviço, a ausência de recolhimento ou o recolhimento a menor dos valores arrecadados por selos ao Fundo Notarial e Registral, independentemente de outras sanções administrativas, acarretarão a interrupção do repasse mensal do montante destinado à respectiva

serventia a título de compensação pelos atos gratuitos praticados por imposição legal e pelo asseguramento de renda mínima às serventias deficitárias. (Redação dada pela Lei nº 14.226/13)[89]

O Estado de São Paulo trata do tema com uma sistemática mais direta. O usuário do serviço/administrado/contribuinte deve pagar os emolumentos ao delegatário extrajudicial, que, de seu turno, deve proceder ao repasse à unidade federativa Estado da parcela pública na forma disciplinada pela Secretaria da Fazenda e Corregedoria-Geral paulistas. O tema é atualmente disciplinado pela Lei 11.331/2002, do Estado de São Paulo. Cumpre citar alguns de seus artigos que disciplinam a matéria:

> **Artigo 1º** – Os emolumentos relativos aos serviços notariais e de registro têm por **fato gerador a prestação de serviços públicos notariais e de registro previstos no artigo 236 da Constituição Federal** e serão cobrados e recolhidos de acordo com a presente lei e as tabelas anexas.
>
> [...]
>
> **Artigo 11** – O pagamento dos emolumentos será **efetuado pelo interessado em cartório ou em estabelecimento de crédito indicado pelo notário ou registrador.**
>
> **Artigo 12** – Caberá ao notário ou registrador **efetuar os recolhimentos das parcelas previstas no artigo 19**, observados os seguintes critérios:
>
> **I** – em relação às parcelas previstas nas alíneas "b" e "c" do inciso I, na alínea "b" do inciso II e no item "2" do parágrafo único, **à Secretaria da Fazenda**, na forma por ela disciplinada, até o 1º (primeiro) dia útil subsequente ao da semana de referência do ato praticado;" (NR)
>
> **II** – em relação à parcela prevista na alínea "d" do inciso I, diretamente **à entidade gestora dos recursos**, a que se refere o artigo 21, "caput", desta lei, até o 5º (quinto) dia útil subseqüente ao do mês de referência, ou mediante depósito em estabelecimento de crédito autorizado pela respectiva entidade;

[89] ESTADO DO RIO GRANDE DO SUL. Lei 12.692, de 29.12.2006. **Dispõe sobre os emolumentos dos serviços notariais e de registro, cria o Selo Digital de Fiscalização Notarial e Registral, institui o Fundo Notarial e Registral e dá outras providências.** Porto Alegre, RS: Governo do Estado do Rio Grande do Sul, 2006. Disponível em: http://www.al.rs.gov.br/legis/. Acesso em: 01 jun. 2020.

III – em relação à parcela prevista na alínea "e" do inciso I, diretamente **ao Fundo Especial de Despesa do Tribunal de Justiça**, na forma a ser estabelecida pelo Tribunal de Justiça, até o 1º (primeiro) dia útil subseqüente ao da semana de referência do ato praticado.

IV – em relação à parcela prevista na alínea "f" do inciso I, diretamente **ao Fundo de Despesa do Ministério Público do Estado de São Paulo**, na forma a ser estabelecida pelo Procurador-Geral de Justiça, até o 1º (primeiro) dia útil subsequente ao da semana de referência do ato praticado. (NR)

§ 1º – A Secretaria da Fazenda entregará aos respectivos destinatários, na forma regulamentar, a parcela prevista na alínea 'b' do inciso I do artigo 19 desta lei. (NR)

§ 2º – As parcelas previstas na alínea 'c' do inciso I e na alínea 'b' do inciso II do artigo 19 serão arrecadadas pelo Estado, a título de receita extraorçamentária, e repassadas ao liquidante à ordem da Carteira das Serventias, deduzidos os custos de processamento da arrecadação. (NR)

Artigo 13 – Salvo disposição em contrário, os notários e os registradores poderão exigir depósito prévio dos valores relativos aos emolumentos e das despesas pertinentes ao ato, fornecendo aos interessados, obrigatoriamente, **recibo com especificação de todos os valores.**

Artigo 14 – Os notários e os registradores darão recibo dos valores cobrados, sem prejuízo da indicação definitiva e obrigatória dos respectivos emolumentos à margem do documento entregue ao interessado.

Artigo 15 – Sem prejuízo da responsabilidade disciplinar, **os notários e os registradores estão sujeitos, pelo não recolhimento das parcelas previstas no artigo 12, ao pagamento dos valores atualizados, acrescidos de multa.**

[...]

Artigo 19 – Os emolumentos correspondem aos custos dos serviços notariais e de registro na seguinte conformidade:

I – relativamente aos atos de Notas, de Registro de Imóveis, de Registro de Títulos e Documentos e Registro Civil das Pessoas Jurídicas e de Protesto de Títulos e Outros Documentos de Dívidas:

a) 62,5% (sessenta e dois inteiros e meio por cento) são receitas dos notários e registradores;

b) 17,763160% (dezessete inteiros, setecentos e sessenta e três mil, cento e sessenta centésimos e milésimos percentuais) são receita do Estado, em decorrência do processamento da arrecadação e respectiva fiscalização;

c) 9,157894% (nove inteiros, cento e cinquenta e sete mil, oitocentos e noventa e quatro centésimos de milésimos percentuais) são contribuição à Secretaria da Fazenda; (NR)

d) 3,289473% (três inteiros, duzentos e oitenta e nove mil, quatrocentos e setenta e três centésimos de milésimos percentuais) são destinados à compensação dos atos gratuitos do registro civil das pessoas naturais e à complementação da receita mínima das serventias deficitárias;

e) 4,289473% (quatro inteiros, duzentos e oitenta e nove mil, quatrocentos e setenta e três centésimos de milésimos percentuais) são destinados ao Fundo Especial de Despesa do Tribunal de Justiça, em decorrência da fiscalização dos serviços; (NR)

f) 3% (três por cento) são destinados ao Fundo Especial de Despesa do Ministério Público do Estado de São Paulo, em decorrência da fiscalização dos serviços; (NR)

II – relativamente aos atos privativos do Registro Civil das Pessoas Naturais:

a) 83,3333% (oitenta e três inteiros, três mil e trezentos e trinta e três centésimos de milésimos percentuais) são receitas dos oficiais registradores;

b) 16,6667% (dezesseis inteiros, seis mil seiscentos e sessenta e sete centésimos de milésimos percentuais) são contribuição à Secretaria da Fazenda; (NR)

Parágrafo único – São considerados emolumentos, e compõem o custo total dos serviços notariais e de registro, além das parcelas previstas neste artigo:

1 – a parcela dos valores tributários incidentes, instituídos pela lei do município da sede da serventia, por força de lei complementar federal ou estadual;

2 – a parcela destinada à Secretaria da Fazenda em montante correspondente a 4,8% (quatro inteiros e oito décimos percentuais) sobre o valor da parcela prevista na alínea "a" do inciso I deste artigo. (NR) [90] [91]

[90] ESTADO DE SÃO PAULO. Lei 11.331, de 26.12.2002. **Dispõe sobre os emolumentos relativos aos atos praticados pelos serviços notariais e de registro.** São Paulo, SP: Governo do Estado de São Paulo, 2002. Disponível em: https://www.al.sp.gov.br/alesp/pesquisa-legislacao/. Acesso em: 23 fev. 2021.

[91] Grifos nossos.

Deixar de recolher tributo cobrado ou descontado aos cofres públicos é crime punido com pena de detenção, de seis meses a dois anos, e multa. Esse crime está tipificado no artigo 2º, inciso II, da Lei 8.137/90, que deve ser lido juntamente com seu artigo 1º:

> Art. 1º Constitui crime contra a ordem tributária suprimir ou reduzir tributo, ou contribuição social e qualquer acessório, mediante as seguintes condutas: (Vide Lei nº 9.964, de 10.4.2000)
>
> I – omitir informação, ou prestar declaração falsa às autoridades fazendárias;
>
> II – fraudar a fiscalização tributária, inserindo elementos inexatos, ou omitindo operação de qualquer natureza, em documento ou livro exigido pela lei fiscal;
>
> III – falsificar ou alterar nota fiscal, fatura, duplicata, nota de venda, ou qualquer outro documento relativo à operação tributável;
>
> IV – elaborar, distribuir, fornecer, emitir ou utilizar documento que saiba ou deva saber falso ou inexato;
>
> V – negar ou deixar de fornecer, quando obrigatório, nota fiscal ou documento equivalente, relativa a venda de mercadoria ou prestação de serviço, efetivamente realizada, ou fornecê-la em desacordo com a legislação.
>
> Pena – reclusão de 2 (dois) a 5 (cinco) anos, e multa.
>
> Parágrafo único. A falta de atendimento da exigência da autoridade, no prazo de 10 (dez) dias, que poderá ser convertido em horas em razão da maior ou menor complexidade da matéria ou da dificuldade quanto ao atendimento da exigência, caracteriza a infração prevista no inciso V.
>
> **Art. 2º Constitui crime da mesma natureza**: (Vide Lei nº 9.964, de 10.4.2000)
>
> I – fazer declaração falsa ou omitir declaração sobre rendas, bens ou fatos, ou empregar outra fraude, para eximir-se, total ou parcialmente, de pagamento de tributo;
>
> **II – deixar de recolher, no prazo legal, valor de tributo ou de contribuição social, descontado ou cobrado, na qualidade de sujeito passivo de obrigação e que deveria recolher aos cofres públicos;**
>
> III – exigir, pagar ou receber, para si ou para o contribuinte beneficiário, qualquer percentagem sobre a parcela dedutível ou deduzida de imposto ou de contribuição como incentivo fiscal;

IV – deixar de aplicar, ou aplicar em desacordo com o estatuído, incentivo fiscal ou parcelas de imposto liberadas por órgão ou entidade de desenvolvimento;

V – utilizar ou divulgar programa de processamento de dados que permita ao sujeito passivo da obrigação tributária possuir informação contábil diversa daquela que é, por lei, fornecida à Fazenda Pública.

Pena – detenção, de 6 (seis) meses a 2 (dois) anos, e multa.[92]

Condutas tipificadas como infrações e crimes induzem a responsabilidade tributária disciplinada nos já examinados artigos 136 e 137 do Código Tributário Nacional, que se aplicam aos delegatários extrajudiciais na hipótese de não-recolhimento da parcela da "taxa" emolumentos ao Fisco estadual. Pela relevância do ponto, cumpre colacioná-los novamente:

> Art. 136. Salvo disposição de lei em contrário, a responsabilidade por infrações da legislação tributária independe da intenção do agente ou do responsável e da efetividade, natureza e extensão dos efeitos do ato.
>
> Art. 137. A responsabilidade é pessoal ao agente:
>
> I – quanto às infrações conceituadas por lei como crimes ou contravenções, salvo quando praticadas no exercício regular de administração, mandato, função, cargo ou emprego, ou no cumprimento de ordem expressa emitida por quem de direito;
>
> II – quanto às infrações em cuja definição o dolo específico do agente seja elementar;
>
> III – quanto às infrações que decorram direta e exclusivamente de dolo específico:
>
> a) das pessoas referidas no artigo 134, contra aquelas por quem respondem;
>
> b) dos mandatários, prepostos ou empregados, contra seus mandantes, preponentes ou empregadores;
>
> c) dos diretores, gerentes ou representantes de pessoas jurídicas de direito privado, contra estas.

Se caraterizado o não-recolhimento tributário, que também é tipificado como crime, o delegatário extrajudicial devedor/infrator tem o dever de

[92] BRASIL. Lei 8.137, de 27.12.1990. **Define crimes contra a ordem tributária, econômica e contra as relações de consumo, e dá outras providências.** Brasília, DF: Presidência da República, 1990. Disponível em: http://www4.planalto.gov.br/legislacao/. Acesso em: 01 jun. 2020.

recolher o tributo devido e respectivas correção monetária, juros e multa, e, além disso, ainda responderá nas esferas administrativa e penal por sua conduta ilícita.

Delineadas tais ponderações sobre obrigações tributárias acessórias dos delegatários extrajudiciais, passar-se-á, em seguida, ao exame de suas obrigações principais originárias.

6
Notários e Registradores no Papel de Responsáveis Tributários

O tema da responsabilidade tributária *lato sensu* já foi revisado neste trabalho. Viu-se que ela se desdobra em substituição tributária e responsabilidade tributária *stricto sensu*.

Pelo Código Tributário Nacional, temos que o delegatário extrajudicial pode figurar como sujeito passivo de relações de "responsabilidade tributária *stricto sensu*", mas não em relações de "substituição tributária". Esta é ligada ao fenômeno do tributo indireto, que se desenrola ao longo de uma cadeia produtiva, na qual o impacto econômico da exação vai sendo repassado até chegar ao consumidor final, cenário próprio do ICMS (Imposto sobre operações relativas à Circulação de Mercadorias e sobre prestações de Serviços de transporte interestadual e intermunicipal e de comunicação) e do IPI (Imposto sobre Produtos Industrializados), por exemplo. O delegatário extrajudicial, no seu mister, não integra, na condição de terceiro, cadeias econômicas de tributos indiretos como os citados, nem possui relação direta e pessoal com fatos geradores eventualmente verificados em atos notariais e registrais por si praticados. Ele apresenta um vínculo, que é constituído pela obrigação legal de fiscalizar o pagamento de determinados tributos. Sua responsabilidade pode surgir em uma segunda relação jurídica com o poder tributante, que não existe originariamente. Há proximidade, mas não tão estreita quanto à da substituição tributária. Na matéria examinada, ela somente exsurge se o terceiro – delegatário extrajudicial – praticar um ato ilícito ou omitir-se, um ato ou omissão que contrarie um dever a si dirigido. Para afastar o risco de se tornar responsável tributário *stricto sensu*, tem a alternativa de se recusar a praticar o ato se o recolhimento do tributo não for comprovado pelo contribuinte. Tem o poder legal de impor essa condição ao usuário de seu serviço.

Hipótese típica dessa conjuntura é a descrita no já conhecido artigo 134, inciso VI, do Código Tributário Nacional, que deve ser colacionado novamente:

> Art. 134. Nos casos de impossibilidade de exigência do cumprimento da obrigação principal pelo contribuinte, respondem solidariamente com este nos atos em que intervierem ou pelas omissões de que forem responsáveis:
>
> I – os pais, pelos tributos devidos por seus filhos menores;
>
> II – os tutores e curadores, pelos tributos devidos por seus tutelados ou curatelados;
>
> III – os administradores de bens de terceiros, pelos tributos devidos por estes;
>
> IV – o inventariante, pelos tributos devidos pelo espólio;
>
> V – o síndico e o comissário, pelos tributos devidos pela massa falida ou pelo concordatário;
>
> **VI – os tabeliães, escrivães e demais serventuários de ofício, pelos tributos devidos sobre os atos praticados por eles, ou perante eles, em razão do seu ofício;**
>
> VII – os sócios, no caso de liquidação de sociedade de pessoas.
>
> Parágrafo único. O disposto neste artigo só se aplica, em matéria de penalidades, às de caráter moratório.[93]

O Direito brasileiro dirige aos delegatários extrajudiciais o dever legal de colaborarem com o Estado na fiscalização de alguns tributos devidos pelos usuários de seus serviços. Tais imposições são fundadas originariamente nesse aludido artigo 134, inciso VI, do Código Tributário Nacional, que possui o *status* de lei complementar.

De seu turno, o artigo 289 da Lei 6.015/73 prevê:

> Art. 289. No exercício de suas funções, cumpre aos oficiais de registro fazer rigorosa fiscalização do pagamento dos impostos devidos por força dos atos que lhes forem apresentados em razão do ofício. (Renumerado do art. 305, pela Lei nº 6.216, de 1975).[94]

[93] Grifos nossos.

[94] BRASIL. Lei 6.015, de 31.12.1973. **Dispõe sobre os registros públicos.** Brasília, DF: Presidência da República, 1973. Disponível em: http://www4.planalto.gov.br/legislacao/. Acesso em: 31 mai. 2020.

Sobre esse cânone, ensina o Professor Walter Ceneviva,

> A leitura do art. 289 deve ser completada com a dos arts. 30 e 31 da LNR, que impõe a estes, enquanto delegados do Poder Público, a fiscalização do recolhimento dos impostos incidentes sobre os atos que devam praticar.
>
> A tarefa deles é difícil em termos quantitativos (o número de leis fiscais nos três planos de governo, vigentes no mesmo dia, é, em rigor, impossível de determinar), qualitativos (algumas são mal redigidas e contraditórias) e no da velocidade da transformação (continuam a ser editadas, sobretudo nos últimos meses do ano, com remissões confusas, que a jurisprudência absorve depois de muitos anos).
>
> Se a aplicação fosse limitada a *imposto*, como está na lei, seria mais restrita, porque nem mesmo cuidaria do gênero *tributo*, mas de uma de suas espécies. *Imposto* é o "tributo cuja obrigação tem por fato gerador uma situação independente de qualquer atividade estatal específica, relativa ao contribuinte", ou seja, desvinculada de qualquer atuação do Estado.
>
> A aplicação não se restringe aos impostos. Também se estende a certas contribuições, em relação às quais o dever dos delegados notariais e registrais é determinado por leis esparsas, servindo de exemplo as referentes à previdência social. O documento comprobatório da inexistência de débito relativo às contribuições sociais é exigido na alienação ou oneração, a qualquer título, de bem imóvel ou direito a ele relativo; de bem móvel incorporado ao ativo da empresa, conforme o valor; na averbação de obra de construção civil; na inscrição da incorporação. A desatenção para tal exigência sujeita o delegado a responsabilidade solidária pelo encargo, sendo o ato nulo para todos os efeitos, sem prejuízo da responsabilidade administrativa e penal.[95]

Igualmente dispõe a Lei 8.935/94, em seu artigo 30, inciso XI, citado pelo Professor Walter Ceneviva:

> Art. 30. São deveres dos notários e dos oficiais de registro:
>
> [...]
>
> XI – fiscalizar o recolhimento dos impostos incidentes sobre os atos que devem praticar;
>
> [...].

[95] CENEVIVA, Walter. **Lei dos registros públicos comentada.** – 19. ed. – São Paulo: Saraiva, 2009, p. 668-669.

Sobre esse dispositivo, enuncia o Professor Walter Ceneviva em outra obra:

> O dever de fiscalizar o recolhimento de imposto incidente sobre ato submetido a exame, mencionado no inciso XI, tem um limite básico: o oficial não é agente fiscal, habilitado à avaliação substancial do tributo devido, nem substitui quem o seja, pois a tanto não se estende a delegação. Cabe-lhe apenas exigir o comprovante expedido pela autoridade fiscal competente ou a certidão negativa, de isenção, de não incidência quanto ao tributo de que cuide o negócio jurídico.
>
> [...]
>
> Desde o Decreto-lei n. 1.510/76, o tabelião tem o dever de comunicar, à Secretaria da Receita Federal, alienações e aquisições de imóveis, quando o valor fiscal da operação imobiliária ou o informado pelas partes ultrapasse limite fixado por instrução normativa do órgão competente.
>
> A comunicação é, porém dispensável se o alienante for pessoa jurídica de direito público, em doação para adiantamento da legítima, ou em benefício de entidade indicada no Regulamento do Imposto sobre a Renda para efeito da dispensa, em transmissão por causa da morte, referente a herança, legado ou meação, em desapropriação para fins de reforma agrária, em compra e venda para cumprimento de promessa de venda, cessão de direito ou promessa de cessão, comunicada à Secretaria quando da sua lavratura ou registro.
>
> Para o cumprimento destas disposições fiscais, deve o tabelião estar atento para as muitas mudanças que, com frequência, ocorrem na matéria, não apenas das autoridades fiscais, como também nos provimentos estaduais.
>
> É exigência legal e de máxima conveniência prática que todas as entregas de documentos às repartições públicas sejam devidamente comprovadas, e que as cópias fiquem arquivadas na serventia.
>
> Em síntese, o delegado notarial ou de registros não é agente fiscal, mas se regula pelos documentos, certidões ou informações prestadas por servidores aos quais a lei atribui tal função.[96]

Essas duas disposições de Leis Ordinárias complementam o conteúdo do referido artigo 134, inciso VI, do Código Tributário Nacional. Mas elas não são as únicas a fazê-lo. A Lei 8.212/91, que trata do custeio do Regime

[96] CENEVIVA, Walter. **Lei dos notários e dos registradores comentada: Lei n. 8.935/94.** – 9ª. ed. rev. e atual. – São Paulo: Saraiva, 2014, p. 248 e 250.

Geral de Previdência Social (RGPS), regra que os delegatários extrajudiciais precisam exigir comprovação do pagamento de contribuições previdenciárias em determinadas situações, especialmente em compra e venda de imóveis. Cumpre citar seus artigos 47 e 48:

> Art. 47. É exigida Certidão Negativa de Débito-CND, fornecida pelo órgão competente, nos seguintes casos: (Redação dada pela Lei nº 9.032, de 28.4.95).
>
> I – da empresa:
>
> a) na contratação com o Poder Público e no recebimento de benefícios ou incentivo fiscal ou creditício concedido por ele; (Vide Medida Provisória nº 958, de 2020) (Vide Lei nº 13.999, de 2020)
>
> **b) na alienação ou oneração, a qualquer título, de bem imóvel ou direito a ele relativo;**
>
> **c) na alienação ou oneração, a qualquer título, de bem móvel de valor superior a Cr$ 2.500.000,00 (dois milhões e quinhentos mil cruzeiros) incorporado ao ativo permanente da empresa;**
>
> **d) no registro ou arquivamento, no órgão próprio, de ato relativo a baixa ou redução de capital de firma individual, redução de capital social, cisão total ou parcial, transformação ou extinção de entidade ou sociedade comercial ou civil e transferência de controle de cotas de sociedades de responsabilidade limitada**; (Redação dada pela Lei nº 9.528, de 10.12.97).
>
> II – do proprietário, pessoa física ou jurídica, de obra de construção civil, quando de sua **averbação no registro de imóveis**, salvo no caso do inciso VIII do art. 30.
>
> § 1º A prova de inexistência de débito deve ser exigida da empresa em relação a todas as suas dependências, estabelecimentos e obras de construção civil, independentemente do local onde se encontrem, ressalvado aos órgãos competentes o direito de cobrança de qualquer débito apurado posteriormente.
>
> § 2º A prova de inexistência de débito, quando exigível ao incorporador, independe da apresentada no **registro de imóveis** por ocasião da inscrição do memorial de incorporação.
>
> **§ 3º Fica dispensada a transcrição, em instrumento público ou particular, do inteiro teor do documento comprobatório de inexistência de débito, bastando a referência ao seu número de série e data da emissão, bem como a guarda do documento comprobatório à disposição dos órgãos competentes.**

§ 4º O documento comprobatório de inexistência de débito poderá ser apresentado por cópia autenticada, dispensada a indicação de sua finalidade, exceto no caso do inciso II deste artigo.

§ 5º O prazo de validade da certidão expedida conjuntamente pela Secretaria Especial da Receita Federal do Brasil e pela Procuradoria-Geral da Fazenda Nacional do Ministério da Economia, referente aos tributos federais e à dívida ativa da União por elas administrados, será de até cento e oitenta dias, contado data de emissão da certidão, prorrogável, excepcionalmente, em caso de calamidade pública, pelo prazo determinado em ato conjunto dos referidos órgãos. (Redação dada pela Medida Provisória nº 927, de 2020)

§ 6º Independe de prova de inexistência de débito:

a) a lavratura ou assinatura de instrumento, ato ou contrato que constitua retificação, ratificação ou efetivação de outro anterior para o qual já foi feita a prova;

b) a constituição de garantia para concessão de crédito rural, em qualquer de suas modalidades, por instituição de crédito pública ou privada, desde que o contribuinte referido no art. 25, não seja responsável direto pelo recolhimento de contribuições sobre a sua produção para a Seguridade Social;

c) a averbação prevista no inciso II deste artigo, relativa a imóvel cuja construção tenha sido concluída antes de 22 de novembro de 1966.

d) o recebimento pelos Municípios de transferência de recursos destinados a ações de assistência social, educação, saúde e em caso de calamidade pública. (Incluído pela Lei nº 11.960, de 2009)

e) a averbação da construção civil localizada em área objeto de regularização fundiária de interesse social, na forma da Lei no 11.977, de 7 de julho de 2009. (Incluído pela Lei nº 12.424, de 2011)

§ 7º O condômino adquirente de unidades imobiliárias de obra de construção civil não incorporada na forma da Lei nº 4.591, de 16 de dezembro de 1964, poderá obter documento comprobatório de inexistência de débito, desde que comprove o pagamento das contribuições relativas à sua unidade, conforme dispuser o regulamento.

§ 8º (Revogado pela Lei nº 11.941, de 2009)

Art. 48. A prática de ato com inobservância do disposto no artigo anterior, ou o seu registro, acarretará a responsabilidade solidária dos contratantes e do **oficial que lavrar ou registrar o instrumento**, sendo o ato nulo para todos os efeitos.

§ 1º Os órgãos competentes podem intervir em instrumento que depender de prova de inexistência de débito, a fim de autorizar sua lavratura, desde que o débito seja pago no ato ou o seu pagamento fique assegurado mediante confissão de dívida fiscal com o oferecimento de garantias reais suficientes, na forma estabelecida em regulamento.

§ 2º Em se tratando de alienação de bens do ativo de empresa em regime de liquidação extrajudicial, visando à obtenção de recursos necessários ao pagamento dos credores, independentemente do pagamento ou da confissão de dívida fiscal, o Instituto Nacional do Seguro Social – INSS poderá autorizar a lavratura do respectivo instrumento, desde que o valor do crédito previdenciário conste, regularmente, do quadro geral de credores, observada a ordem de preferência legal. (Parágrafo acrescentado pela Lei nº 9.639, de 25.5.98).

§ 3º O servidor, o serventuário da Justiça, **o titular de serventia extrajudicial** e a autoridade ou órgão que infringirem o disposto no artigo anterior incorrerão em multa aplicada na forma estabelecida no art. 92, sem prejuízo da responsabilidade administrativa e penal cabível. (Parágrafo renumerado e alterado pela Lei nº 9.639, de 25.5.98).[97/98]

No passado, já se discutiu se essa obrigação tributária dos delegatários extrajudiciais apenas se circunscreveria a "impostos", tendo em conta que essa é a expressão literal utilizada nos artigos 289 da Lei 6.015/73 e 30, inciso XI, da Lei 8.935/94. Nesse sentido, por exemplo, colaciona-se a seguinte manifestação doutrinária:

> [...] verifica-se que tanto a Lei nº 6.015/73 como a Lei nº 8.935/94 limitaram o dever de fiscalização dos Notários e Registradores apenas aos impostos, espécie do gênero "tributo", o que, entretanto, já é muito. Mas há os que pretendem que, embora a Lei nº 8.935/94 fale apenas em impostos, o dever de fiscalização dos delegados cartorários abranja a todas as espécies tributárias. Isso baseado em interpretação conjunta com o art. 134, VI, da Lei Federal nº 5.172 – CTN, que teria criado o dever de fiscalização de todas as espécies tributárias.[99]

97 BRASIL. Lei 8.212, de 24.07.1991. **Dispõe sobre a organização da Seguridade Social, institui Plano de Custeio, e dá outras providências.** Brasília, DF: Presidência da República, 1991. Disponível em: http://www4.planalto.gov.br/legislacao/. Acesso em: 31 mai. 2020.

98 Grifos nossos.

99 ALVES, Ângela Maria Catão. **Limites do dever de fiscalização dos notários e dos oficiais quanto aos tributos nos termos da Lei Federal nº 8.935/94 e o princípio da legalidade**

O Código Tributário Nacional possui *status* de lei complementar. Assim foi recepcionado pela Constituição da República Federativa do Brasil de 1988. É a norma infraconstitucional que complementa nosso Sistema Tributário Nacional, desenhado na Carta Política de 1988. Possui pleno condão para estabelecer as normais gerais sobre obrigação tributária. Em sua complementação, de seu turno, vieram as Leis 6.015/73 e 8.935/94, bem como a 8.212/91. Não há contradição, nem aparente, entre elas. As três últimas são leis ordinárias que complementam uma superior lei complementar por natureza, o Código Tributário Nacional. Logo, pode-se asseverar que a responsabilidade tributária *stricto sensu* dos delegatários extrajudiciais, contida no art. 134, inciso VI, do Código Tributário Nacional, também engloba as contribuições previdenciárias do RGPS brasileiro, tributos da espécie "contribuição social".

Note-se que os impostos sobre os quais o delegatário extrajudicial possui responsabilidade tributária de fiscalização são o "Imposto sobre Transmissão *causa mortis* e Doação (ITCMD)", de competência dos Estados e do Distrito Federal, previsto no artigo 155, inciso I, da Constituição da República Federativa do Brasil de 1988; e o "Imposto sobre Transmissão *inter vivos* de Bens Imóveis (ITBI)", de competência dos Municípios, estabelecido no art. 156, inciso II, também da Constituição da República Federativa do Brasil de 1988.

Não se deve olvidar, ainda, que há mais duas Normas federais, de abrangência nacional, que tratam expressamente dessa responsabilidade tributária no que pertine aos notários: artigo 1º, parágrafo 2º, da Lei 7.433/85 e o artigo 1º, parágrafo 3º, do Decreto 93.240/86.

Inicialmente, cita-se o art. 1º, parágrafo 2º, da Lei 7.433/85:

> Art. 1º – Na lavratura de atos notariais, inclusive os relativos a imóveis, além dos documentos de identificação das partes, somente serão apresentados os documentos expressamente determinados nesta Lei.
>
> § 1º – O disposto nesta Lei se estende, onde couber, ao instrumento particular a que se refere o art. 61, da Lei nº 4.380, de 21 de agosto de 1964, modificada pela Lei nº 5.049, de 29 de Junho de 1966.
>
> **§ 2º – O Tabelião consignará no ato notarial a apresentação do documento comprobatório do pagamento do Imposto de Transmissão *inter***

estrita. Repertório IOB Jurisprudência nº 24/2001, Caderno 1, 2ª DEZEMBRO, dez. 2001, 1/16728, p. 711-713.

> ***vivos*, as certidões fiscais e as certidões de propriedade e de ônus reais, ficando dispensada sua transcrição.** (Redação dada pela Lei nº 13.097, de 2015)
>
> **§ 3º - Obriga-se o Tabelião a manter, em Cartório, os documentos e certidões de que trata o parágrafo anterior, no original ou em cópias autenticadas.**[100/101]

Impende igualmente transcrever o artigo 1º, parágrafo 3º, do Decreto 93.240/86:

> Art. 1º Para a lavratura de atos notariais, relativos a imóveis, serão apresentados os seguintes documentos e certidões:
>
> I – os documentos de identificação das partes e das demais pessoas que comparecerem na escritura pública, quando julgados necessários pelo Tabelião;
>
> II – **o comprovante do pagamento do Imposto sobre a Transmissão de Bens Imóveis e de Direitos a eles relativos, quando incidente sobre o ato, ressalvadas as hipóteses em que a lei autorize a efetivação do pagamento após a sua lavratura**;
>
> III – **as certidões fiscais**, assim entendidas:
>
> a) em relação aos imóveis urbanos, as **certidões referentes aos tributos que incidam sobre o imóvel**, observado o disposto no § 2º, deste artigo;
>
> b) em relação aos imóveis rurais, o Certificado de Cadastro emitido pelo Instituto Nacional de Colonização e Reforma Agrária – INCRA, com a **prova de quitação do último Imposto Territorial Rural lançado ou, quando o prazo para o seu pagamento ainda não tenha vencido, do Imposto Territorial Rural correspondente ao exercício imediatamente anterior**;
>
> IV – a certidão de ações reais e pessoais reipersecutórias, relativas ao imóvel, e a de ônus reais, expedidas pelo Registro de Imóveis competente, cujo prazo de validade, para este fim, será de 30 (trinta) dias;
>
> V – os demais documentos e certidões, cuja apresentação seja exigida por lei.
>
> § 1º O Tabelião consignará na escritura pública a apresentação dos documentos e das certidões mencionadas nos incisos II, III, IV e V, deste artigo.

[100] BRASIL. Lei 7.433, de 18.12.1985. **Dispõe sobre os requisitos para a lavratura de escrituras públicas e dá outras providências.** Brasília, DF: Presidência da República, 1985. Disponível em: http://www4.planalto.gov.br/legislacao/. Acesso em: 08 jun. 2020.

[101] Grifos nossos.

§ 2º As certidões referidas na letra a, do inciso III, deste artigo, somente serão exigidas para a lavratura das escrituras públicas que impliquem a transferência de domínio e a sua apresentação poderá ser dispensada pelo adquirente que, neste caso, responderá, nos termos da lei, pelo pagamento dos débitos fiscais existentes.

§ 3º A apresentação das certidões previstas no inciso IV, deste artigo, não eximirá o outorgante da obrigação de declarar na escritura pública, sob pena de responsabilidade civil e penal, a existência de outras ações reais e pessoais reipersecutórias, relativas ao imóvel, e de outros ônus reais incidentes sobre o mesmo.[102/103]

Para ilustrar esse panorama, pode-se trazer à lume o atual[104] regramento que o Tribunal de Justiça do Estado do Rio Grande do Sul (TJRS) dirige aos seus delegatários extrajudiciais registradores, por meio da recente[105] Consolidação Normativa Notarial e Registral (CNNR/RS), instituída pelo Provimento 001/2020-CGJ, nos seus artigos 626-632:

CAPÍTULO XIX
DO IMPOSTO DE TRANSMISSÃO

Lei nº 6.015/73, art. 289.

Art. 626 – **Cumprirá aos Registradores fiscalizar o pagamento dos impostos devidos em relação aos fatos geradores**, inclusive no registro de cartas de arrematação, adjudicação e outros títulos judiciais que impliquem transmissão gratuita ou onerosa da propriedade imóvel (excesso de meação ou de legítima).

Parágrafo Único – O Registrador de Imóveis fiscalizará tributos somente sobre atos ou negócios que serão objeto de registro ou averbação de sua competência.

[102] BRASIL. Decreto 93.240, de 09.09.1986. **Regulamenta a Lei nº 7.433, de 18 de dezembro de 1985, que "dispõe sobre os requisitos para a lavratura de escrituras públicas, e dá outras providências".** Brasília, DF: Presidência da República, 1986. Disponível em: http://www4.planalto.gov.br/legislacao/. Acesso em: 08 jun. 2020.

[103] Grifos nossos.

[104] Elemento temporal desta pesquisa: mai. 2020.

[105] Elemento temporal desta pesquisa: mai. 2020.

Art. 627 – As inexigibilidades tributárias por imunidade, não-incidência e isenção ficarão condicionadas ao seu reconhecimento pelo órgão arrecadador competente, exceto nos casos em que a lei ou ato administrativo da Secretaria da Fazenda dispense expressamente o reconhecimento da desoneração.

Parágrafo único – Nos casos em que a sentença judicial tiver procedido à análise da inexigibilidade tributária, como, exemplificativamente, nos feitos de inventário, arrolamento e usucapião, o registro do mandado ou do formal de partilha não depende da manifestação da autoridade tributária.

Art. 628 – A prova do recolhimento do imposto de transmissão decorrente de ato formalizado em escritura pública ou equivalente consistirá na certificação, feita pelo notário, no próprio instrumento, de que o imóvel foi submetido à avaliação fiscal e que o imposto foi pago ou exonerado.

Art. 629 – Os instrumentos particulares com efeito de escritura pública ou autorizados por lei como hábeis a formalizar transmissões de imóveis deverão ser apresentados ao registro acompanhados da guia de pagamento ou de exoneração do imposto de transmissão.

Parágrafo único – **Incumbirá aos Registradores a fiscalização do atendimento das obrigações tributárias em contratos ajustados ou com interveniência da Caixa Econômica Federal e dos agentes do Sistema Financeiro da Habitação.**

Art. 630 – **Havendo dúvida sobre o recolhimento do tributo, o Registrador diligenciará a fim de obter segurança quanto à sua procedência ou, se for o caso, submeterá a matéria à apreciação do Juiz Diretor do Foro, nas comarcas do Interior, ou ao Juiz da Vara dos Registros Públicos, na Capital.**

Parágrafo único – A tipificação da evasão da receita destinada aos cofres públicos, por ação ou omissão do Registrador na fiscalização do recolhimento dos tributos, **importará na sua corresponsabilidade.**

Art. 631 – A adjudicação por credor hipotecário, ou a eventual arrematação por terceiros, de imóvel hipotecado através do Sistema Financeiro da Habitação não goza da redução de alíquota do ITBI, salvo disposição expressa na legislação municipal.

Art. 632 – São isentos de emolumentos os atos praticados no interesse da União e de suas Autarquias, tratando-se de atos gratuitos ressarcíveis (EQLG-02), ressalvados os atos gerados em face de executivos fiscais (código PEPO).

Parágrafo único – A isenção prevista no *caput* não é extensível aos Conselhos Profissionais.[106/107]

Insta salientar a relevância do disposto no recém citado artigo 630, que chama a atenção do delegatário para o dever de – até mesmo para acautelar-se pessoalmente – buscar orientação do seu juiz corregedor permanente em caso de dúvida sobre o recolhimento de impostos devidos pelos usuários de seus serviços.

Ainda ilustrando o assunto, anote-se que o Tomo II das Normas de Serviço da Corregedoria Geral da Justiça do Tribunal de Justiça do Estado de São Paulo (TJSP) – Cartórios Extrajudiciais (TII/NSCGJ/SP) [108]" igualmente contém dispositivos que tratam dessa responsabilidade tributária de fiscalização dos delegatários extrajudiciais no que tange a determinados tributos. Por exemplo, cuidando do registro de títulos oriundos do Sistema Financeiro de Habitação (SFH) e do Sistema de Financiamento Imobiliário (SFI), estabelece o TII/NSCGJ/SP, itens 111 e 112:

> 111. Para fins do procedimento registral, poderão os Oficiais de Registro de Imóveis receber dos agentes financeiros autorizados pelo Banco Central do Brasil a funcionar no âmbito do Sistema Financeiro de Habitação (SFH) e do Sistema Financeiro Imobiliário (SFI), e das companhias de habitação integrantes da administração pública, **Extrato de Instrumento Particular com Efeitos de Escritura Pública (Extrato)**, desde que apresentado sob a forma de documento eletrônico estruturado em XML (*Extensible Markup*

[106] ESTADO DO RIO GRANDE DO SUL. Tribunal de Justiça do Estado do Rio Grande do Sul. Provimento 001, de 17.01.2020, da Corregedoria-Geral da Justiça do Tribunal de Justiça do Estado do Rio Grande do Sul (TJRS). **Institui o novo texto da Consolidação Normativa Notarial e Registral do Tribunal de Justiça do Estado do Rio Grande do Sul (CNNR/RS).** Porto Alegre, RS: Tribunal de Justiça do Estado do Rio Grande do Sul, 2020. Disponível em: https://www.tjrs.jus.br/novo/processos-e-servicos/servicos-extrajudiciais/servicos-notariais-e-de-registros/. Acesso em: 11 jun. 2020.

[107] Grifos nossos.

[108] ESTADO DE SÃO PAULO. Tribunal de Justiça do Estado de São Paulo. Provimento 58, de 28.11.1989, atualizado pelo Provimento 56, de 11.12.2019, ambos da Corregedoria Geral da Justiça do Tribunal de Justiça do Estado de São Paulo. Instituição do **Tomo II das Normas de Serviço da Corregedoria Geral da Justiça do Tribunal de Justiça do Estado de São Paulo (TJSP) – Cartórios Extrajudiciais**. São Paulo, SP: Tribunal de Justiça do Estado de São Paulo, 2019. Disponível em: https://www.tjsp.jus.br/Corregedoria/Comunicados/NormasExtrajudiciais. Acesso em: 11 jun. 2020.

Language), em conformidade com modelos definidos por Portaria da Corregedoria Geral da Justiça.

> 111.1. O Extrato, para que possa ser recepcionado, deverá estar assinado pelo representante legal do emissor e conter declaração de que os dados correspondem ao instrumento particular com efeitos de escritura pública que se encontra em seu arquivo.
>
> 111.2. Para fins de apresentação eletrônica aos serviços de registro de imóveis e respectivo procedimento registral, o Extrato substitui o contrato.
>
> 111.3. Juntamente com a apresentação eletrônica do Extrato para fins de registro, as instituições financeiras mencionadas no item 113. poderão solicitar o arquivamento da íntegra do instrumento contratual que lhe deu origem, que será enviado mediante arquivo eletrônico do tipo PDF/A e declaração que corresponde ao original firmado pelas partes, assinada com certificado Digital ICP-Brasil.
>
> 112. A descrição, no Extrato, **dos impostos pagos pela transmissão imobiliária, com indicação de valor e da data do recolhimento**, dispensa a anexação do comprovante.
>
> 112.1. Os documentos que acompanharem o Extrato, **e o comprovante de recolhimento do imposto, caso tenha havido menção genérica, deverão ser apresentados em documento eletrônico nativo**. Caso sejam digitalizados, deverá ser observado o formato PDF/A, com certificado digital.[109/110]

Outrossim, tratando de requerimento de registro de incorporações, estabelece o TII/NSCGJ/SP, item 210:

> 210. As certidões dos distribuidores cíveis e criminais, inclusive da Justiça Federal, as **negativas de impostos** e as de protestos devem referir-se aos alienantes do terreno (proprietários e compromissários compradores, se houver, inclusive seus cônjuges) e ao incorporador.

[109] ESTADO DE SÃO PAULO. Tribunal de Justiça do Estado de São Paulo. Provimento 58, de 28.11.1989, atualizado pelo Provimento 56, de 11.12.2019, ambos da Corregedoria Geral da Justiça do Tribunal de Justiça do Estado de São Paulo. Instituição do **Tomo II das Normas de Serviço da Corregedoria Geral da Justiça do Tribunal de Justiça do Estado de São Paulo (TJSP) – Cartórios Extrajudiciais**. São Paulo, SP: Tribunal de Justiça do Estado de São Paulo, 2019. Disponível em: https://www.tjsp.jus.br/Corregedoria/Comunicados/NormasExtrajudiciais. Acesso em: 11 jun. 2020.

[110] Grifos nossos.

> 210.1. As certidões cíveis e criminais serão extraídas pelo período de 10 (dez) anos e as de protesto pelo período de 5 (cinco).
>
> **210.2. As certidões de impostos relativas ao imóvel urbano são as municipais.**
>
> [...].[111/112]

Na regulação do procedimento de usucapião, estatui o TII/NSCGJ/SP, item 419.2:

> 419.2. Em qualquer dos casos, deverá ser justificado o óbice à correta escrituração das transações para evitar o uso da usucapião **como meio de burla dos requisitos legais** do sistema notarial e registral e **da tributação dos impostos de transmissão incidentes sobre os negócios imobiliários, devendo** *(sic)* **registrador alertar o requerente e as testemunhas de que a prestação de declaração falsa na referida justificação configurará crime de falsidade, sujeito às penas da lei.**[113/114]

Por outro lado, de forma diferente, o delegatário extrajudicial não possui responsabilidade tributária *stricto sensu* acerca do Imposto de Renda sobre ganhos de capital eventualmente devido por usuários dos seus serviços. Não se cuida de imposto que apresente vínculo direto com ato de sua competência. Nesse sentido, posiciona-se o Professor Antonio Herance Filho,

[111] ESTADO DE SÃO PAULO. Tribunal de Justiça do Estado de São Paulo. Provimento 58, de 28.11.1989, atualizado pelo Provimento 56, de 11.12.2019, ambos da Corregedoria Geral da Justiça do Tribunal de Justiça do Estado de São Paulo. Instituição do **Tomo II das Normas de Serviço da Corregedoria Geral da Justiça do Tribunal de Justiça do Estado de São Paulo (TJSP) – Cartórios Extrajudiciais**. São Paulo, SP: Tribunal de Justiça do Estado de São Paulo, 2019. Disponível em: https://www.tjsp.jus.br/Corregedoria/Comunicados/NormasExtrajudiciais. Acesso em: 11 jun. 2020.

[112] Grifos nossos.

[113] ESTADO DE SÃO PAULO. Tribunal de Justiça do Estado de São Paulo. Provimento 58, de 28.11.1989, atualizado pelo Provimento 56, de 11.12.2019, ambos da Corregedoria Geral da Justiça do Tribunal de Justiça do Estado de São Paulo. Instituição do **Tomo II das Normas de Serviço da Corregedoria Geral da Justiça do Tribunal de Justiça do Estado de São Paulo (TJSP) – Cartórios Extrajudiciais**. São Paulo, SP: Tribunal de Justiça do Estado de São Paulo, 2019. Disponível em: https://www.tjsp.jus.br/Corregedoria/Comunicados/NormasExtrajudiciais. Acesso em: 11 jun. 2020.

[114] Grifos nossos.

Feito esse rápido preâmbulo, duas considerações preliminares são necessárias.

A primeira delas tem a ver com o fato de o IR sobre Ganhos de Capital não estar inserido no rol dos tributos pelos quais o notário e o registrador são responsáveis tributários (responsabilidade por substituição ou responsabilidade de terceiros).

Embora eles não estejam obrigados à retenção do valor do imposto e nem devam condicionar a prática de atos de seus respectivos ofícios à apresentação prévia de seu recolhimento, são os notários e os registradores os profissionais em quem os seus usuários respectivos encontrarão seguro aconselhamento.[115]

Outra responsabilidade tributária *stricto sensu* relevante dos delegatários extrajudiciais é a de descontar e recolher o Imposto de Renda mensal de seus empregados celetistas. A respeito, tenha-se em conta o artigo 45, parágrafo único, do Código Tributário Nacional:

> Art. 45. Contribuinte do imposto é o titular da disponibilidade a que se refere o artigo 43, sem prejuízo de atribuir a lei essa condição ao possuidor, a qualquer título, dos bens produtores de renda ou dos proventos tributáveis.
>
> Parágrafo único. A lei pode atribuir à fonte pagadora da renda ou dos proventos tributáveis a condição de responsável pelo imposto cuja retenção e recolhimento lhe caibam.

De similar natureza é a responsabilidade tributária do delegatário extrajudicial de descontar e de recolher as contribuições previdenciárias de seus empregados celetistas e dos segurados contribuintes individuais que lhe prestem serviços. O delegatário extrajudicial é contribuinte individual do RGPS, nos termos do artigo 12, inciso V, alínea "h", da Lei 8.212/91. Como empregador, equipara-se à empresa, nos termos do art. 15, parágrafo único, dessa mesma Lei. E a empresa é obrigada a descontar de seus empregados e dos segurados contribuintes individuais que lhe prestem serviços suas contribuições previdenciárias e a recolhê-las à Receita Federal do Brasil, nos termos do art. 30, inciso I, da Lei em questão. Insta transcrever esses dispositivos legais:

[115] HERANCE FILHO, Antonio. **IR sobre ganhos de capital na alienação de bens – 1**. *Site* do Colégio Notarial do Brasil – Conselho Federal, 10/06/2014. *Site*: http://www.notariado.org.br/blog/notarial/ir-sobre-ganhos-de-capital-na-alienacao-de-bens-1. Acesso em 01/05/2020.

Art. 12. São segurados obrigatórios da Previdência Social as seguintes pessoas físicas:

[...]

V – como contribuinte individual:

[...]

h) a pessoa física que exerce, por conta própria, atividade econômica de natureza urbana, com fins lucrativos ou não;

[...].

[...]

Art. 15. Considera-se:

I – empresa – a firma individual ou sociedade que assume o risco de atividade econômica urbana ou rural, com fins lucrativos ou não, bem como os órgãos e entidades da administração pública direta, indireta e fundacional;

II – empregador doméstico – a pessoa ou família que admite a seu serviço, sem finalidade lucrativa, empregado doméstico.

Parágrafo único. Equiparam-se a empresa, para os efeitos desta Lei, o contribuinte individual e a pessoa física na condição de proprietário ou dono de obra de construção civil, em relação a segurado que lhe presta serviço, bem como a cooperativa, a associação ou a entidade de qualquer natureza ou finalidade, a missão diplomática e a repartição consular de carreira estrangeiras. (Redação dada pela Lei nº 13.202, de 2015)

[...]

Art. 30. A arrecadação e o recolhimento das contribuições ou de outras importâncias devidas à Seguridade Social obedecem às seguintes normas: (Redação dada pela Lei n° 8.620, de 5.1.93)

I – a empresa é obrigada a:

a) arrecadar as contribuições dos segurados empregados e trabalhadores avulsos a seu serviço, descontando-as da respectiva remuneração;

b) recolher os valores arrecadados na forma da alínea *a* deste inciso, a contribuição a que se refere o inciso IV do art. 22 desta Lei, assim como as contribuições a seu cargo incidentes sobre as remunerações pagas, devidas ou creditadas, a qualquer título, aos segurados empregados, trabalhadores avulsos e contribuintes individuais a seu serviço até o dia 20 (vinte) do mês subsequente ao da competência; (Redação dada pela Lei nº 11.933, de 2009).

c) recolher as contribuições de que tratam os incisos I e II do art. 23, na forma e prazos definidos pela legislação tributária federal vigente;

[...].

Em suma, o delegatário extrajudicial, como empregador e contratante, tem a responsabilidade tributária de descontar do salário de seus empregados celetistas e dos segurados contribuintes individuais que lhe prestem serviços a contribuição previdenciária respectiva e de recolhê-la ao Fisco Federal.

Temos que essas são as hipóteses de responsabilidade tributária *stricto sensu* dos delegatários extrajudiciais. A seguir, passaremos ao exame do seu papel de contribuinte.

7
Notários e Registradores no Papel de Contribuintes de IRPF e de Contribuição Previdenciária

Os delegatários extrajudiciais são contribuintes do Imposto de Renda Pessoa Física (IRPF), o que é compatível com a natureza de sua função estatal, matéria que já foi revisada neste trabalho.

Dispõe o artigo 118, inciso I, do Decreto 9.580/2018, editado com base nas Leis 7.713/88[116] e 9.430/96[117]:

> Art. 118. Fica sujeita ao pagamento mensal do imposto sobre a renda a pessoa física que receber de outra pessoa física, ou de fontes situadas no exterior, rendimentos que não tenham sido tributados na fonte, no País, tais como (Lei nº 7.713, de 1988, art. 2º, art. 3º, § 1º, art. 8º e art. 9º; e Lei nº 9.430, de 1996, art. 24, § 2º, inciso IV):
>
> I – os emolumentos e as custas dos serventuários da Justiça, como tabeliães, notários, oficiais públicos, entre outros, quando não forem remunerados exclusivamente pelo erário;
>
> [...].[118]

[116] BRASIL. Lei 7.713, de 22.11.1988. Dispõe sobre o imposto de renda. Brasília, DF: Presidência da República, 1988. Disponível em: http://www4.planalto.gov.br/legislacao/. Acesso em: 01 jun. 2020.

[117] BRASIL. Lei 9.430, de 27.11.1996. Dispõe sobre a legislação tributária federal. Brasília, DF: Presidência da República, 1996. Disponível em: http://www4.planalto.gov.br/legislacao/. Acesso em: 01 jun. 2020.

[118] BRASIL. Decreto 9.580, de 22.11.2018. **Regulamenta a tributação, a fiscalização, a arrecadação e a administração do Imposto sobre a Renda e Proventos de Qualquer Natureza.** Brasília, DF: Presidência da República, 2018. Disponível em: http://www4.planalto.gov.br/legislacao/. Acesso em: 31 mai. 2020.

Faz-se oportuno transcrever o teor dos artigos 2º, 3º, parágrafo 1º, e 8º, da Lei 7.713/88, que dão suporte ao mencionado Decreto:

> Art. 2º O imposto de renda das pessoas físicas será devido, mensalmente, à medida em que os rendimentos e ganhos de capital forem percebidos.
>
> Art. 3º O imposto incidirá sobre o rendimento bruto, sem qualquer dedução, ressalvado o disposto nos arts. 9º a 14 desta Lei.
>
> § 1º Constituem rendimento bruto todo o produto do capital, do trabalho ou da combinação de ambos, os alimentos e pensões percebidos em dinheiro, e ainda os proventos de qualquer natureza, assim também entendidos os acréscimos patrimoniais não correspondentes aos rendimentos declarados.
>
> [...].
>
> [...]
>
> Art. 8º Fica sujeito ao pagamento do imposto de renda, calculado de acordo com o disposto no art. 25 desta Lei, a pessoa física que receber de outra pessoa física, ou de fontes situadas no exterior, rendimentos e ganhos de capital que não tenham sido tributados na fonte, no País.

As alíquotas atuais do Imposto de Renda Pessoa Física (IRPF) estão previstas no artigo 1º, inciso IX, da Lei 11.482/2007[119], colacionado abaixo:

> Art. 1º. O imposto de renda incidente sobre os rendimentos de pessoas físicas será calculado de acordo com as seguintes tabelas progressivas mensais, em reais:
>
> [...]
>
> IX – a partir do mês de abril do ano-calendário de 2015: (Incluído pela Lei nº 13.149, de 2015)

Tabela Progressiva Mensal (Incluído pela Lei nº 13.149, de 2015)

Base de Cálculo (R$)	Alíquota (%)	Parcela a Deduzir do IR (R$)
Até 1.903,98	-	-
De 1.903,99 até 2.826,65	7,5	142,80
De 2.826,66 até 3.751,05	15	354,80
De 3.751,06 até 4.664,68	22,5	636,13
Acima de 4.664,68	27,5	869,36

[119] BRASIL. Lei 11.482, de 31.05.2007. Dispõe sobre a legislação tributária federal. Brasília, DF: Presidência da República, 2007. Disponível em: http://www4.planalto.gov.br/legislacao/. Acesso em: 13 jun. 2020.

Parágrafo único. O imposto de renda anual devido incidente sobre os rendimentos de que trata o caput deste artigo será calculado de acordo com tabela progressiva anual correspondente à soma das tabelas progressivas mensais vigentes nos meses de cada ano-calendário.

Pontua, a respeito da matéria, o Professor Antonio Herance Filho,

Destarte, os Notários e Registradores são tributados como pessoas físicas. Sujeitam-se ao Imposto sobre a Renda da Pessoa Física (IRPF), conforme define a legislação tributária federal (RIR/99, artigo 106).

Com efeito, os emolumentos percebidos pela prática de atos notariais e de registro são, mensalmente, oferecidos à tributação do Recolhimento Mensal Obrigatório, mais conhecido como "Carnê-Leão".

Além do dever de comprovar o recolhimento do tributo, que deve ser feito até o último dia útil do mês subsequente àquele em que percebidos os rendimentos tributáveis, o contribuinte do "Carnê-Leão" está obrigado a prestar contas ao Fisco por meio da Declaração de Ajuste Anual, que deve ser entregue até o último dia do mês de abril do ano seguinte ao de ocorrência dos fatos geradores.

Na verdade, estão os Notários e os Registradores obrigados ao pagamento do "Carnê-Leão" mensalmente e sujeitos ao ajuste a cada ano calendário.

De todo o exposto pode-se concluir que, pela inexistência de personalidade jurídica do "Cartório", apesar da obrigatoriedade de inscrição no CNPJ, e considerando que os rendimentos percebidos pelo titular da delegação são oferecidos à tributação por meio da incidência do IRPF "Carnê-Leão", os serviços notariais e de registro não estão sujeitos ao IRPJ – Imposto sobre a Renda da Pessoa Jurídica, nem obrigados à entrega de declaração na condição de Pessoa Jurídica.[120]

Cabe citar ementa de acórdão de julgado do Tribunal Regional Federal da 5ª Região (TRF5) que tratou da matéria:

[120] HERANCE FILHO, Antonio. **Notários e registradores como pessoas físicas e os serviços notariais e registrais como entes despersonalizados.** *Site* da Associação dos Notários e Registradores do Brasil (ANOREG/BR), 24/04/2017. *Site*: https://www.anoreg.org.br/site/2017/04/24/artigo-notarios-e-registradores-como-pessoas-fisicas-e-os-servicos-notariais-e-registrais-como-entes-despersonalizados-antonio-herance/. Acesso em: 02/05/2020.

TRIBUTÁRIO. EMBARGOS À EXECUÇÃO FISCAL. **IMPOSTO DE RENDA. CARTÓRIO** DE PROTESTOS. DESPESAS LANÇADAS SEM A RESPECTIVA DOCUMENTAÇÃO PROBATÓRIA. INCLUSÕES DE DESPESAS NÃO DEDUTÍVEIS. AUTO DE **INFRAÇÃO**. LEGALIDADE.

– **Não obstante estejam inscritos no Cadastro Nacional da Pessoa Jurídica, os cartórios são desprovidos de personalidade jurídica própria, razão pela qual a incidência do Imposto de Renda se projeta para a pessoa do seu titular, conforme estabelece o Ato Declaratório Normativo Coordenador do Sistema de Tributação nº 08/81.**

– Ausência de ilegalidade da autuação perpetrada pelo Fisco, que restou consubstanciada na lavratura de auto de infração, associado ao Processo Administrativo nº 10480.010474/2001-57, concernente aos seguintes fatos, atribuídos ao contribuinte: a) **dedução da base de cálculo pleiteada indevidamente (carnê-leão)**; b) **despesas de livro Caixa deduzidas indevidamente**; c) **falta de recolhimento do IRPF devido a título de carnê-leão.**

– À luz do artigo 195, parágrafo único, do CTN, caracteriza-se como obrigação acessória tributária do sujeito passivo o dever de conservar a documentação apta a comprovar a legitimidade dos lançamentos contábeis, com vistas à aferição, pelo Fisco, quando em eventual procedimento de fiscalização, do cumprimento da legislação tributária, ao menos enquanto não ocorrida a prescrição dos créditos tributários decorrente das operações a que se referem.

– Situação em que a apelante não se desincumbiu do ônus de demonstrar sua absoluta ausência de responsabilidade tributária, em face de eventual impossibilidade de apresentação da documentação requerida pelo Fisco, ante sua suposta destruição por chuvas que danificaram o prédio do cartório.

– Levantamento do valor do tributo devido que não se deu por simples amostragem, mas mediante apuração detalhada e confrontação entre o valor do tributo declarado pelo contribuinte e o que foi efetivamente comprovado pelo sujeito passivo.

– Presunção *juris tantum* de legalidade do auto de infração lavrado pela fiscalização tributária, a qual não restou elidida mediante apresentação de prova inequívoca pelo sujeito passivo.

– Apelação não provida.[121/122]

[121] TRF5, AC 200583000162800, Primeira Turma, Rel. Juiz Federal Cesar Carvalho (Convocado), Sessão de 03.07.2008, DJ de 29.08.2008. Disponível no *site* do TRF5: https://www.trf5.jus.br/. Acesso em: 12 jun. 2020.

[122] Grifos nossos.

A própria Secretaria da Receita Federal já decidiu que o delegatário extrajudicial está sujeito ao Imposto de Renda Pessoa Física (IRPF), mesmo tendo inscrição no CNPJ:

> ASSUNTO: Obrigações Acessórias.
> EMENTA: CARTÓRIO. NÃO OBRIGATORIEDADE DE APRESENTAÇÃO DA DECLARAÇÃO DE RENDIMENTOS. Apesar de constar o número do CNPJ, os cartórios não têm obrigatoriedade de apresentar as declarações de rendimentos da pessoa jurídica, pois a tributação dos mesmos recai sobre a pessoa física do tabelião.
> Ano-calendário: 01/01/2003 a 31/12/2003.[123]

De outra parte, o delegatário extrajudicial também é contribuinte de contribuição previdenciária em duas dimensões: da sua contribuição previdenciária própria, como contribuinte individual, e da contribuição previdenciária de natureza patronal referente aos seus empregados celetistas e aos segurados contribuintes individuais que lhe prestem serviços, que são segurados obrigatórios do RGPS.

A exação de contribuição previdenciária própria decorre de sua condição de segurado obrigatório contribuinte individual do RGPS, nos termos do artigo 12, inciso V, alínea "h", e 21 da Lei 8.212/91. Faz-se oportuno colacionar o teor desses cânones:

> Art. 12. São segurados obrigatórios da Previdência Social as seguintes pessoas físicas:
> [...]
> V – como contribuinte individual:
> [...]
> h) a pessoa física que exerce, por conta própria, atividade econômica de natureza urbana, com fins lucrativos ou não;
> [...].
> [...]

[123] Dados dessa decisão fiscal: Ministério da Fazenda, Secretaria da Receita Federal, Delegacia da Receita Federal de Julgamento em Campo Grande/MS, 2ª Turma, Acórdão 04-16833, de 06 de março de 2009. Decisão acessível na seguinte página da Internet da Secretaria da Receita Federal: http://decisoes.fazenda.gov.br/netahtml/decisoes/decw/pesquisaDRJ.htm. Acesso em: 13 jun. 2020.

> Art. 21. A alíquota de contribuição dos segurados contribuinte individual e facultativo será de vinte por cento sobre o respectivo salário-de-contribuição. (Redação dada pela Lei nº 9.876, de 1999).
>
> [...].

Esse quadro também é disciplinado e reafirmado pela Instrução Normativa RFB 971/2009, artigo 9º, incisos XXIII, XXIV e XXV:

> Art. 9º Deve contribuir obrigatoriamente na qualidade de contribuinte individual:
>
> [...]
>
> XXIII – o notário, o tabelião, o oficial de registro ou registrador, nomeados até 20 de novembro de 1994, que detêm a delegação do exercício da atividade notarial e de registro, não remunerados pelos cofres públicos;
>
> XXIV – o notário, o tabelião, o oficial de registro ou registrador, nomeados até 20 de novembro de 1994, que detêm a delegação do exercício da atividade notarial e de registro, mesmo que amparados por RPPS, conforme o disposto no art. 51 da Lei nº 8.935, de 1994, a partir de 16 de dezembro de 1998, por força da Emenda Constitucional nº 20, de 1998;
>
> XXV – o notário, o tabelião, o oficial de registro ou registrador, nomeados a partir de 21 de novembro de 1994, em decorrência da Lei nº 8.935, de 1994;
>
> [...].

Essa exação, como constatado no teor do artigo 21 da Lei 8.212/91, possui alíquota de 20% (vinte por cento) sobre a base de cálculo "salário-de-contribuição".

Lado outro, a contribuição previdenciária de natureza patronal é induzida pela situação, já revisada neste trabalho, de o delegatário extrajudicial ser contribuinte individual equiparado a "empresa" quando contrata empregados celetistas e segurados contribuintes individuais prestadores de serviço. Isso está disposto no artigo 15 da Lei 8.212/91, que deve ser transcrito novamente:

> Art. 15. Considera-se:
>
> I – empresa – a firma individual ou sociedade que assume o risco de atividade econômica urbana ou rural, com fins lucrativos ou não, bem como os órgãos e entidades da administração pública direta, indireta e fundacional;

> II – empregador doméstico – a pessoa ou família que admite a seu serviço, sem finalidade lucrativa, empregado doméstico.
>
> Parágrafo único. Equiparam-se a empresa, para os efeitos desta Lei, o contribuinte individual e a pessoa física na condição de proprietário ou dono de obra de construção civil, em relação a segurado que lhe presta serviço, bem como a cooperativa, a associação ou a entidade de qualquer natureza ou finalidade, a missão diplomática e a repartição consular de carreira estrangeiras. (Redação dada pela Lei nº 13.202, de 2015)

Nessa condição, o delegatário extrajudicial fica sujeito às contribuições previdenciárias da "empresa" previstas no artigo 22, incisos I a III, da Lei 8.212/91:

> Art. 22. A contribuição a cargo da empresa, destinada à Seguridade Social, além do disposto no art. 23, é de:
>
> I – **vinte por cento sobre o total das remunerações pagas**, devidas ou creditadas a qualquer título, durante o mês, aos segurados empregados e trabalhadores avulsos que lhe prestem serviços, destinadas a retribuir o trabalho, qualquer que seja a sua forma, inclusive as gorjetas, os ganhos habituais sob a forma de utilidades e os adiantamentos decorrentes de reajuste salarial, quer pelos serviços efetivamente prestados, quer pelo tempo à disposição do empregador ou tomador de serviços, nos termos da lei ou do contrato ou, ainda, de convenção ou acordo coletivo de trabalho ou sentença normativa. (Redação dada pela Lei nº 9.876, de 1999).
>
> II – para o financiamento do benefício previsto nos arts. 57 e 58 da Lei nº 8.213, de 24 de julho de 1991, e daqueles concedidos em razão do grau de incidência de incapacidade laborativa decorrente dos riscos ambientais do trabalho, sobre o **total das remunerações pagas ou creditadas, no decorrer do mês, aos segurados empregados e trabalhadores avulsos**: (Redação dada pela Lei nº 9.732, de 1998).
>
> a) 1% (um por cento) para as empresas em cuja atividade preponderante o risco de acidentes do trabalho seja considerado leve;
>
> b) 2% (dois por cento) para as empresas em cuja atividade preponderante esse risco seja considerado médio;
>
> c) 3% (três por cento) para as empresas em cuja atividade preponderante esse risco seja considerado grave.

> III – **vinte por cento sobre o total das remunerações pagas ou creditadas a qualquer título, no decorrer do mês, aos segurados contribuintes individuais que lhe prestem serviços**; (Incluído pela Lei nº 9.876, de 1999).
> [...].[124]

A Receita Federal do Brasil (RFB) já se posicionou a respeito dessa exação em Solução de Consulta de 2014:

> 26. De acordo com parágrafo único do art. 15 da Lei nº 8.212, de 1991, o contribuinte individual que possui segurados a seu serviço **equipara-se à empresa**. Vê-se, assim, que os titulares de cartório (notários e oficiais de registro), na condição de contribuintes individuais, quando contratam escreventes e auxiliares na forma do art. 20 da Lei nº 8.935, de 1994, equiparam-se à empresa para fins de cumprimento das obrigações previstas na Lei nº 8.212, de 1991.
>
> 27. Dessa forma, os titulares das serventi*ais (sic)* extrajudiciais são responsáveis pela arrecadação e pelo recolhimento das contribuições sociais incidentes sobre a remuneração paga ou creditada aos segurados (escreventes e auxiliares) por eles contratados nos termos do art. 22, incisos I a III, da Lei nº 8.212, de 1991.[125]

Dito isso, no próximo item deste trabalho, adentraremos no relevante tema do ISSQN.

[124] Grifos nossos.

[125] RFB, Solução de Consulta COSIT 21, de 21.01.2014, Publicada no DOU de 05.02.2014, Seção 1, p. 12. Disponível no *site* da RFB: http://normas.receita.fazenda.gov.br/sijut2consulta/link.action?idAto=49681&visao=anotado. Acesso em: 12 jun. 2020.

8
Notários e Registradores no Papel de Contribuintes de ISSQN

A Lei Complementar 116/2003[126] estabelece a prestação de serviços notariais e registrais como fato gerador de ISSQN. Isso está disposto no artigo 1º combinado com o item 21.01 da sua "Lista de serviços anexa". Impende citar excertos desse texto legal:

LEI COMPLEMENTAR Nº 116, DE 31 DE JULHO DE 2003

Dispõe sobre o Imposto Sobre Serviços de Qualquer Natureza, de competência dos Municípios e do Distrito Federal, e dá outras providências.

O PRESIDENTE DA REPÚBLICA Faço saber que o Congresso Nacional decreta e eu sanciono a seguinte Lei Complementar:

Art. 1º. O **Imposto Sobre Serviços de Qualquer Natureza, de competência dos Municípios e do Distrito Federal, tem como fato gerador a prestação de serviços constantes da lista anexa**, ainda que esses não se constituam como atividade preponderante do prestador.

§ 1º. O imposto incide também sobre o serviço proveniente do exterior do País ou cuja prestação se tenha iniciado no exterior do País.

§ 2º. Ressalvadas as exceções expressas na lista anexa, os serviços nela mencionados não ficam sujeitos ao Imposto Sobre Operações Relativas à Cir-

[126] BRASIL. Lei complementar 116, de 31.07.2003. **Dispõe sobre o Imposto Sobre Serviços de Qualquer Natureza, de competência dos Municípios e do Distrito Federal, e dá outras providências.** Brasília, DF: Presidência da República, 2003. Disponível em: http://www4.planalto.gov.br/legislacao/. Acesso em: 01 jun. 2020.

culação de Mercadorias e Prestações de Serviços de Transporte Interestadual e Intermunicipal e de Comunicação – ICMS, ainda que sua prestação envolva fornecimento de mercadorias.

§ 3º. **O imposto de que trata esta Lei Complementar incide ainda sobre os serviços prestados mediante a utilização de bens e serviços públicos explorados economicamente mediante autorização, permissão ou concessão, com o pagamento de tarifa, preço ou pedágio pelo usuário final do serviço.**

§ 4º. A incidência do imposto não depende da denominação dada ao serviço prestado.

[...]

Art. 7º. A base de cálculo do imposto é o preço do serviço.

§ 1º. Quando os serviços descritos pelo subitem 3.04 da lista anexa forem prestados no território de mais de um Município, a base de cálculo será proporcional, conforme o caso, à extensão da ferrovia, rodovia, dutos e condutos de qualquer natureza, cabos de qualquer natureza, ou ao número de postes, existentes em cada Município.

§ 2º. Não se incluem na base de cálculo do Imposto Sobre Serviços de Qualquer Natureza:

I – o valor dos materiais fornecidos pelo prestador dos serviços previstos nos itens 7.02 e 7.05 da lista de serviços anexa a esta Lei Complementar;

II – (VETADO)

§ 3º (VETADO)

Art. 8º. As **alíquotas máximas** do Imposto Sobre Serviços de Qualquer Natureza são as seguintes:

I – (VETADO)

II – demais serviços, 5% (cinco por cento).

Art. 8º-A. **A alíquota mínima do Imposto sobre Serviços de Qualquer Natureza é de 2% (dois por cento).** (Incluído pela Lei Complementar nº 157, de 2016)

§ 1º. O imposto não será objeto de concessão de isenções, incentivos ou benefícios tributários ou financeiros, inclusive de redução de base de cálculo ou de crédito presumido ou outorgado, ou sob qualquer outra forma que resulte, direta ou indiretamente, em carga tributária menor que a decorrente da aplicação da alíquota mínima estabelecida no caput, exceto para os serviços a que se referem os subitens 7.02, 7.05 e 16.01 da lista anexa a esta Lei Complementar. (Incluído pela Lei Complementar nº 157, de 2016)

§ 2º. É nula a lei ou o ato do Município ou do Distrito Federal que não respeite as disposições relativas à alíquota mínima previstas neste artigo no caso de serviço prestado a tomador ou intermediário localizado em Município diverso daquele onde está localizado o prestador do serviço. (Incluído pela Lei Complementar nº 157, de 2016)

§ 3º. A nulidade a que se refere o § 2º deste artigo gera, para o prestador do serviço, perante o Município ou o Distrito Federal que não respeitar as disposições deste artigo, o direito à restituição do valor efetivamente pago do Imposto sobre Serviços de Qualquer Natureza calculado sob a égide da lei nula. (Incluído pela Lei Complementar nº 157, de 2016)

[...]

Lista de serviços anexa à Lei Complementar nº 116, de 31 de julho de 2003.

[...]

21 – Serviços de registros públicos, cartorários e notariais.

21.01 – Serviços de registros públicos, cartorários e notariais.

[...].[127]

Essa exação sofreu diversas críticas ao longo do tempo. Uma delas foi a discussão sobre sua constitucionalidade. Os argumentos estavam ligados à ideia conceitual de que a situação fática de pagar e de receber pela prestação de serviço público extrajudicial já seria plenamente tributada pela taxa estadual "emolumentos", não podendo outra exação abarcar esse fenômeno.

Alegava-se, por exemplo, que haveria lesão ao art. 145, parágrafo 2º, da Constituição da República Federativa do Brasil de 1988 (CRFB/88), a *contrario sensu*, pois imposto não poderia ter base de cálculo própria de taxa, o que ocorreria no caso. Obtemperava-se também que não haveria tipicidade tributária da atividade delegatária extrajudicial por apresentar natureza pública, enquanto o ISSQN somente poderia incidir sobre serviços prestados em regime estritamente privado. Aduzia-se, outrossim, que a exação de ISSQN sobre serviços extrajudiciais notariais e de registros geraria ofensa ao Princípio Constitucional da Imunidade Recíproca, insculpido no artigo 150, inciso VI, alínea "a", da Constituição da República Federativa do Brasil de 1988 (CRFB/88), cujo teor cumpre citar:

[127] Grifos nossos.

> Art. 150. Sem prejuízo de outras garantias asseguradas ao contribuinte, é vedado à União, aos Estados, ao Distrito Federal e aos Municípios:
>
> [...]
>
> VI – instituir impostos sobre: (Vide Emenda Constitucional nº 3, de 1993)
>
> a) patrimônio, renda ou serviços, uns dos outros;
>
> [...].

A respeito, traz-se à lume refinado trecho doutrinário obre essa matéria:

> Mesmo que houvesse previsão legal na LC 116/2003 a respeito do instituto da delegação, haveria óbice constitucional à cobrança do ISS sobre os serviços notariais e registrais, haja vista caracterizam-se como serviços públicos, delegados pelo Estado-membro. Por essa razão, não poderão os Municípios cobrar imposto sobre esses serviços, sob pena de ser violado o princípio constitucional da imunidade recíproca.
>
> [...]
>
> As atividades notariais e registras enquadram-se como serviços públicos do Estado e o óbice ou a vedação de tributação está prevista, de modo transparente, no art. 150, VI, *a* da Carta Magna [...].
>
> [...]
>
> Importante ressaltar que na própria legislação tributária os emolumentos (taxas) incidem sobre o chamado serviço público específico previsto no art. 79, II, do Código Tributário Nacional quando assim define: "Consideram-se específicos os serviços públicos quando passam a ser destacados em unidades autônomas de intervenção, de utilidade ou de necessidade públicas."
>
> Isto significa dizer, que, na concepção do próprio Código Tributário Nacional, tão apenas a espécie tributária taxa pode ser exigida como contrapartida da prestação de serviços públicos, sendo, desse modo, incogitável a instituição de qualquer imposto sobre serviços públicos, como decorrência da proibição expressa e direta esculpida no art. 150, VI, do texto constitucional.
>
> [...]
>
> Na espécie, tratando-se de serviço público delegado para execução de atividades extrajudiciais, especificados em normas federais e sob a permanente fiscalização do Poder Judiciário estadual, é razoável a interpretação que sobre estes serviços se aplique a imunidade recíproca. Por outro lado, foge à razoabilidade o entendimento de que um serviço público, com caráter predominantemente governamental, se submeta no tocante a sua essência à tributação.

> Nessa esteira, tendo em vista a natureza pública dos serviços notariais e registrais não se vislumbra como possível a incidência do ISS sobre tal atividade. Com efeito, os serviços públicos prestados pelo Estado, ainda que em caráter de delegação, não podem ser tributados pelos Municípios, assim como os serviços públicos municipais não se submetem às exações dos impostos estaduais, sob pena de se desrespeitar a legislação constitucional e infra-legal aplicável, contrariar a doutrina e ignorar a jurisprudência sobre a matéria aqui examinada.[128]

Obviamente, a questão foi judicializada em todo o território nacional. Impende destacar a Ação Direta de Inconstitucionalidade (ADI) ajuizada pela Associação dos Notários e Registradores do Brasil (ANOREG/BR), que recebeu o número 3.089/DF no Supremo Tribunal Federal (STF). Essa Ação Direta de Inconstitucionalidade (ADI) foi ajuizada em 15.12.2003, poucos meses depois, portanto, da edição da Lei Complementar 116/2003, tendo sido sorteada para a relatoria do Ministro Ayres Britto. Em 20.02.2004, aportou aos autos parecer da Procuradoria-Geral da República, no qual se opinava pela procedência do pedido da ação. Na Sessão Plenária do Supremo Tribunal Federal (STF) de 20.09.2006, o Relator votou pela procedência do pedido, tendo divergido o Ministro Sepúlveda Pertence. Nessa oportunidade, pediu vista o Ministro Joaquim Barbosa. O processo voltou ao Plenário na Sessão de 26.04.2007, momento no qual acompanharam a divergência os Ministros Joaquim Barbosa, Cármen Lúcia, Ricardo Lewandowski, Eros Grau, Cezar Peluso e Gilmar Mendes. Pediu vista o Ministro Marco Aurélio. Na Sessão de 13.02.2008, votaram com a divergência os Ministros Marco Aurélio e Ellen Gracie, então Presidente, tendo sido nomeado como relator para o acórdão o Ministro Joaquim Barbosa, o qual ficou assim ementado:

> AÇÃO DIRETA DE INCONSTITUCIONALIDADE. CONSTITUCIONAL. TRIBUTÁRIO. ITENS 21 E 21.1. DA LISTA ANEXA À LEI COMPLEMENTAR 116/2003. INCIDÊNCIA DO IMPOSTO SOBRE SERVIÇOS DE QUALQUER NATUREZA – ISSQN SOBRE SERVIÇOS DE REGISTROS PÚBLICOS, CARTORÁRIOS E NOTARIAIS. CONSTITUCIONALIDADE.

[128] FARIA, Bianca Castellar de. **ISS sobre os serviços notariais e registrais:** antijuridicidade e inconstitucionalidade flagrantes. Revista Tributária e de Finanças Públicas: RTrib, v. 15, n. 72, jan./fev. 2007.

> Ação Direta de Inconstitucionalidade ajuizada contra os itens 21 e 21.1 da Lista Anexa à Lei Complementar 116/2003, que permitem a tributação dos serviços de registros públicos, cartorários e notariais pelo Imposto sobre Serviços de Qualquer Natureza – ISSQN. Alegada violação dos arts. 145, II, 156, III, e 236, *caput*, da Constituição, porquanto a matriz constitucional do Imposto sobre Serviços de Qualquer Natureza permitiria a incidência do tributo tão-somente sobre a prestação de serviços de índole privada. Ademais, a tributação da prestação dos serviços notariais também ofenderia o art. 150, VI, a e §§ 2º e 3º da Constituição, na medida em que tais serviços públicos são imunes à tributação recíproca pelos entes federados. **As pessoas que exercem atividade notarial não são imunes à tributação, porquanto a circunstância de desenvolverem os respectivos serviços com intuito lucrativo invoca a exceção prevista no art. 150, § 3º da Constituição.** O **recebimento de remuneração pela prestação dos serviços confirma, ainda, capacidade contributiva.** A **imunidade recíproca** é uma garantia ou prerrogativa imediata de entidades políticas federativas, **e não de particulares que executem, com inequívoco intuito lucrativo, serviços públicos mediante concessão ou delegação, devidamente remunerados.** Não há diferenciação que justifique a tributação dos serviços públicos concedidos e a não-tributação das atividades delegadas. Ação Direta de Inconstitucionalidade conhecida, mas julgada improcedente.[129] [130]

Colaciona-se trechos relevantes do voto do Ministro Relator para o Acórdão:

> Considero que a tributação a título de Imposto sobre Serviços de Qualquer Natureza, *(sic)* recebidos por particulares como contraprestação pelo exercício delegado de serviços notariais e de registro (art. 236, *caput*, da Constituição), não viola a imunidade recíproca prevista no art. 150, VI, *a*, da Constituição.
>
> Assim entendo, pois a tributação, nessas bases, é coerente com as garantias federativas que a Constituição busca assegurar com o implemento da imunidade recíproca.

[129] STF, ADI 3089/DF, Plenário, Votação majoritária, Rel. para o Acórdão Min. Joaquim Barbosa, Sessão de 13.02.2008, DJe de 01.08.2008. Disponível no *site* do STF: http://www.stf.jus.br/portal/principal/principal.asp. Acesso em: 12 jun. 2020.

[130] Grifos nossos.

Inicialmente, anoto que a atividade notarial é sempre exercida por entes privados, mediante contraprestação com viés lucrativo, posto que de índole estatal, submetida ao poder de polícia do Judiciário (art. 236, *caput* e §§ 1º e 2º, da Constituição). A circunstância de a atividade ser remunerada, isto é, explorada com intuito lucrativo por seus delegados já atrairia, por si somente, a incidência do art. 150, § 3º, da Constituição, que textualmente dispõe:

"Art. 150. Sem prejuízo de outras garantias asseguradas ao contribuinte, é vedado à União, aos Estados, ao Distrito Federal e aos Municípios:

[...]

VI – instituir impostos sobre:

a) patrimônio, renda ou serviços, uns dos outros;

[...]

§ 3° – As vedações do inciso VI, "a", e do parágrafo anterior não se aplicam ao patrimônio, à renda e aos serviços, ***relacionados com exploração de atividades econômicas regidas pelas normas aplicáveis a empreendimentos privados, ou*** *em que haja contraprestação ou pagamento de preços ou tarifas pelo usuário,* ***nem exonera o promitente comprador da obrigação de pagar imposto relativamente ao bem imóvel." (Grifei).***

Ademais, não há como conciliar a função a que se destina a imunidade recíproca com o efeito jurídico e pragmático pretendido pela requerente.

Observo que a imunidade tributária recíproca opera como mecanismo de ponderação e calibração do pacto federativo, destinado a assegurar que entes desprovidos de capacidade contributiva vejam diminuída a eficiência na consecução de seus objetivos definidos pelo sistema jurídico.

Por outro lado, a imunidade recíproca também é uma clara salvaguarda contra o risco de utilização de tributos como instrumento de pressão econômica entre os membros do pacto federativo. McCulloch v. Maryland, conhecido *leading-case* de 1819, é referência máxima na matéria.

[...]

Entendo que a circunstância objetiva de o serviço tributado ter índole pública não justifica que a imunidade tributária tenha corno efeito colateral a concessão de vantagem que não se coadune com os objetivos salvaguardados pela medida.

Assim entendo, em primeiro lugar, porque a tributação de serviço de índole pública, mas explorado economicamente por particular não implica risco algum ao equilíbrio entre os entes federados e, em segundo, porque os

> agentes notariais demonstram capacidade contributiva objetiva, por se dedicarem com inequívoco intuito lucrativo à atividade.
>
> Com efeito, a tributação em exame onera riqueza destinada à incorporação ao patrimônio de particulares, e não a renda ou o patrimônio dos entes federados. Assumindo-se, com base na teoria de **Paulo de Barros Carvalho**, que a base de cálculo do tributo reflete o respectivo critério material da hipótese de incidência, não há impedimento para que o ISSQN incida sobre o serviço, na medida em que aproveita financeiramente ao prestador e não ao Estado.[131]

A decisão em Ação Direta de Inconstitucionalidade (ADI) tem eficácia contra todos e efeito vinculante *"em relação aos órgãos do Poder Judiciário e à Administração Pública federal, estadual e municipal"*, conforme disciplina o artigo 28, parágrafo único, da Lei 9.868/99[132].

Respeitosamente, pensamos que esse relevante precedente do Supremo Tribunal Federal (STF), que a todos obriga, pode ser interpretado da forma seguinte, a qual harmonizaria o entendimento fixado de modo definitivo com os preceitos de nosso Sistema Tributário Nacional: haveria duas relações jurídico-tributárias em questão. A primeira dar-se-ia entre "Estado – administrado/contribuinte", usuário do serviço extrajudicial. Sobre essa incidiria o tributo estadual "taxa" emolumentos. A segunda dar-se-ia entre o "Município – titular do serviço extrajudicial", e teria como fato gerador o serviço prestado de forma remunerada pelo segundo, incidindo o tributo municipal ISSQN. Assim, nessa linha interpretativa, não se cogitaria de o imposto ter a mesma base de cálculo da taxa no plano jurídico, nem haveria violação ao Princípio Constitucional da Imunidade Recíproca.

Diferente discussão sobre a matéria, também candente, diz respeito à sua base de cálculo. Defende-se, por parte dos delegatários extrajudiciais, que os Municípios não deveriam considerar o valor cobrado pelo serviço, mas, sim, outros fatores fixos ou variáveis, isso em razão de ser trabalho

[131] STF, ADI 3089/DF, Plenário, Votação majoritária, Rel. para o Acórdão Min. Joaquim Barbosa, Sessão de 13.02.2008, DJe de 01.08.2008, Voto do Relator para o Acórdão, p. 289, 290 e 292. Disponível no *site* do STF: http://www.stf.jus.br/portal/principal/principal.asp. Acesso em: 12 jun. 2020.

[132] BRASIL. Lei 9.868, de 10.11.1999. **Dispõe sobre o processo e julgamento da ação direta de inconstitucionalidade e da ação declaratória de constitucionalidade perante o Supremo Tribunal Federal.** Brasília, DF: Presidência da República, 1999. Disponível em: http://www4.planalto.gov.br/legislacao/. Acesso em: 13 jun. 2020.

prestado de forma pessoal pelo próprio contribuinte. Essa possibilidade estaria disposta no artigo 9º, parágrafo 1º, do Decreto-lei 406/1968[133], Norma que regulava integralmente o ISSQN antes do advento da Lei Complementar 116/2003. Mostra-se imperioso citar esse dispositivo:

> Art 9º. A base de cálculo do impôsto é o preço do serviço.
>
> § 1º. Quando se tratar de prestação de serviços sob a forma de trabalho pessoal do próprio contribuinte, o impôsto será calculado, por meio de alíquotas fixas ou variáveis, em função da natureza do serviço ou de outros fatores pertinentes, nestes não compreendida a importância paga a título de remuneração do próprio trabalho.
>
> [...].

O Supremo Tribunal Federal (STF) já decidiu que o art. 9º, parágrafo 1º, do Decreto-lei 406/1968 foi recepcionado pela Constituição da República Federativa do Brasil de 1988 (CRFB/88). Esse entendimento é objeto da Súmula 663 do STF:

> Súmula 663 do STF: "Os §§ 1º e 3º do art. 9º do Decreto-Lei 406/1968 foram recebidos pela Constituição." (STF, Súmula 663, publicada no DJ de 13.10.2003).

O Superior Tribunal de Justiça (STJ) já consolidou o posicionamento de que o mencionado artigo 9º, parágrafo 1º, do Decreto-lei 406/1968 não foi revogado, nem implicitamente, pela Lei Complementar 116/2003. É certo que aquele dispositivo não é citado no artigo 10 desta Norma, que trata de revogações de diversos textos legais. Cumpre citar esse artigo 10 da Lei Complementar 116/2003:

> Art. 10. Ficam revogados os arts. 8º, 10, 11 e 12 do Decreto-Lei nº 406, de 31 de dezembro de 1968; os incisos III, IV, V e VII do art. 3º do Decreto-Lei nº 834, de 8 de setembro de 1969; a Lei Complementar nº 22, de 9 de dezembro de 1974; a Lei nº 7.192, de 5 de junho de 1984; a Lei Complementar nº 56,

[133] BRASIL. Decreto-lei 406, de 31.12.1968. **Estabelece normas gerais de direito financeiro, aplicáveis aos impostos sôbre operações relativas à circulação de mercadorias e sôbre serviços de qualquer natureza, e dá outras providências.** Brasília, DF: Presidência da República, 1968. Disponível em: http://www4.planalto.gov.br/legislacao/. Acesso em: 01 jun. 2020.

de 15 de dezembro de 1987; e a Lei Complementar nº 100, de 22 de dezembro de 1999.

Insta colacionar as ementas de dois acórdãos da Primeira e da Segunda Turmas, respectivamente, do Superior Tribunal de Justiça (STJ), que possuem competência tributária. Essas ementas bem ilustram o posicionamento pretoriano descrito:

> TRIBUTÁRIO. RECURSO ESPECIAL. SOCIEDADE UNIPROFISSIONAL. ISS FIXO.
>
> 1. Inexistência de incompatibilidade entre os §§ 1º e 3º do artigo 9º do Decreto-Lei n. 406/68 e o art. 7º da LC n. 116/03.
>
> 2. Sistemática de ISS fixo para as sociedades uniprofissionais que não foi modificada.
>
> 3. A LC 116, de 2003, não cuidou de regrar a tributação do ISS para as sociedades uniprofissionais. Não revogou o art. 9º do DL 406/68.
>
> 4. Precedentes: REsp 649.094/RJ, Rel. Min. João Otávio de Noronha, DJ 07/03/2005; REsp 724.684/RJ, Rel. Min. Castro Meira, DJ 01/07/2005; entre outros.
>
> 5. Recurso especial provido.[134]
>
> [...]
>
> TRIBUTÁRIO. ISS. ART. 9º, DO DECRETO-LEI 406/68. ADVENTO DA LEI COMPLEMENTAR N. 116/2003. REVOGAÇÃO. NÃO-OCORRÊNCIA.
>
> 1. A Lei Complementar 116/2003 não revogou a sistemática de cobrança do ISS prevista nos §§ 1º e 3º, do art. 9º, do Decreto-lei n. 406/68.
>
> 2. Precedentes: REsp 897471/ES, Rel. Min. Humberto Martins, DJ 30.03.2007 e REsp 713752/PB, Rel. Min. João Otávio de Noronha, DJ 18.08.2006.
>
> 3. Recurso especial provido.[135]

Com fundamento nesses elementos, forte corrente doutrinária exsurgiu em favor da aplicação do artigo 9º, parágrafo 1º, do Decreto-lei 406/1968

[134] STJ, REsp 1016688/RS, Primeira Turma, Rel. Min. José Delgado, Sessão de 06.05.2008, DJe 05.06.2008. Disponível no *site* do STJ: http://www.stj.jus.br/sites/portalp/Inicio. Acesso em: 12 jun. 2020.

[135] STJ, REsp 858.493/RS, Segunda Turma, Rel. Min. Castro Meira, Sessão de 07.10.2008, DJe 05.11.2008. Disponível no *site* do STJ: http://www.stj.jus.br/sites/portalp/Inicio. Acesso em: 12 jun. 2020.

à exação de ISSQN dos serviços extrajudiciais notariais e de registros. Entendia-se que os delegatários deveriam ser tributados por meio de alíquota fixa, pois se enquadrariam na concepção de prestação de serviços de forma pessoal. Essa linha de entendimento é compreensível e compatível com a natureza da função de delegatário extrajudicial. Já se viu neste trabalho que os notários e os registradores são profissionais jurídicos que prestam serviço público por delegação *sui generis*, não apresentando personalidade jurídica.

Sobre a pretensão de aplicação à hipótese do artigo 9º, parágrafo 1º, do Decreto-lei 406/1968, obtempera o Professor Antonio Herance Filho,

> Por seu turno, a inscrição "cartório" no CNPJ é utilizada para apresentação da DOI e, em alguns municípios, indevidamente, para cumprimento de obrigações tributárias, principal e acessória, relacionadas com o ISSQN.
>
> [...]
>
> Finalizo a minha participação neste evento lamentando o fato de que muitos dos municípios brasileiros não consigam fazer leitura adequada dos fundamentos aqui trazidos, tributando o ISSQN como se "cartórios" fossem entes dotados de personalidade jurídica ou como que notários e registradores não fossem pessoas físicas.
>
> A doutora Sandra Cristina Denardi, na sequência, falará, com mais vagar sobre o assunto, mas, por não resistir, antecipo-lhes que há uma regra legal pontual, própria para as pessoas físicas, na legislação do ISSQN, que tem como destinatários os contribuintes que prestam serviços com pessoalidade, como fazem os notários e os registradores brasileiros. Texto normativo ignorado por muitos municípios e, pasmem, pelo Poder Judiciário, inclusive pela Superior Corte de Justiça.[136]

A respeito, defende-se também,

> De acordo com a Lei Complementar n. 116/2003 a alíquota máxima adotada é de até 5%, aderindo como base de cálculo a receita bruta auferida em caso de pessoas jurídicas. Em relação às pessoas físicas, as quais exercem tra-

[136] HERANCE FILHO, Antonio. **Regime tributário aplicável ao tabelião e ao oficial de registro: pessoa física ou pessoa jurídica?** Palestra proferida no XIII Congresso Brasileiro de Direito Notarial e de Registro, da Associação dos Notários e Registradores do Brasil (ANOREG/BR) (16-19 nov. 2011, Maceió/AL). Teor da Palestra publicado na Revista Direito Notarial e de Registro, n. 25, jul. 2012, p. 40-43.

balho pessoal a lei manteve alíquotas fixas ou variáveis, em função da natureza do serviço ou de outros fatores pertinentes, nestes não compreendida a importância paga a título de remuneração do próprio trabalho, tendo em vista a vigência do Artigo 9º, § 1º, do Decreto-Lei 406/68, que não foi revogado pela LC 116.[137]

Em fecho, aprofundam o exame da matéria os Doutrinadores Hugo de Brito Machado Segundo e Raquel Cavalcanti Ramos Machado,

> A atividade desenvolvida por notários e oficiais de registro é privativa de bacharel em Direito. Segundo os termos claros do art. 3º da Lei 8.935/94, "o notário, ou tabelião, e o oficial de registro, ou registrador, são profissionais do direito, dotados de fé pública, a quem é delegado o exercício da atividade notarial e de registro".
>
> Se se exige qualificação especial, por parte da pessoa que presta o serviço, esse é um indicador de que se trata de atividade prestada de modo pessoal, vale dizer, são aqueles de quem se exige o bacharelado em Direito os responsáveis pelo mister que exercem, tal como ocorre em relação a médicos, engenheiros, contadores, dentistas, e, para citar exemplo também no âmbito dos *profissionais do Direito*, advogados.
>
> A natureza pessoal do serviço prestado pelos notários – tal como a do serviço desenvolvido por um advogado – está muito clara nas disposições da Lei 8.935/94 e na própria Constituição.
>
> O art. 14 da Lei 8.935/94, por exemplo, exige, como requisito da delegação de que se cuida: *(i)* habilitação em concurso público de provas e títulos; *(ii)* nacionalidade brasileira; *(iii)* capacidade civil; *(iv)* quitação com as obrigações eleitorais e militares; *(v)* diploma de bacharel em Direito; *(vi)* verificação de conduta condigna para o exercício da profissão. *Todos requisitos de ordem pessoal, a serem preenchidos pela pessoa do notário, ou do registrador, o que evidencia a natureza pessoal do serviço por eles prestado,* a atrair a incidência do art. 9º, parágrafo 1º do Decreto-Lei 406/68.
>
> [...]

[137] CHAVES, Luisa Helena Cardoso. **Cobrança de ISS dos serviços públicos notariais e de registro.** *Site* Conteúdo Jurídico, Brasília-DF, 03 mar. 2010. Disponível em: https://conteudojuridico.com.br/consulta/Artigos/19336/cobranca-de-iss-dos-servicos-publicos-notariais-e-de-registro. Acesso em 17 mai. 2020.

Poder-se-ia dizer, em oposição, como resenhado no item anterior, que a possibilidade de notários e registradores eventualmente contratarem prepostos a fim de os auxiliarem na prestação do serviço delegado seria uma característica de impessoalidade. Esse raciocínio, porém, não procede. Advogados, médicos, dentistas e contadores também têm seus assistentes, secretárias, contínuos, auxiliares, telefonistas etc., o que não os exime da responsabilidade pessoal pelo serviço que prestam, e nem afasta a incidência do art. 9º, parágrafo 1º, do Decreto-Lei 406/68.

[...]

[...] Aliás, a Lei 8.935/64 possui disposições expressas a respeito da contratação de prepostos, determinando que estes somente poderão praticar certos atos, desde que expressamente autorizados pelos delegatários do serviço, e, mesmo assim, sempre sob a responsabilidade destes. É o que consta, de modo muito claro, do art. 22 da mencionada lei:

"Art. 22 – Os notários e oficiais de registro responderão pelos danos que eles e seus prepostos causem a terceiros, na prática de atos próprios da serventia, assegurado aos primeiros direito de regresso no caso de dolo ou culpa dos prepostos."

Na verdade, a pessoalidade do serviço prestado resta evidente até mesmo ante o caráter privativo da função que desempenham, como determina o art. 236 da CF/88, e reconhece de forma unânime a doutrina administrativa. Não podem, realmente, transferir para outrem os atos que a lei lhes incumbe de praticar e pelos quais recebem o valor correspondente às taxas ou emolumentos cartorários. Ou seja, toda a remuneração do serviço decorre de atividade pela qual respondem pessoalmente.

Tanto é assim que, caso pratiquem alguma irregularidade no exercício da função, e se afastem por qualquer motivo, a responsabilidade não é transferida ao novo agente público que assume a serventia.

[...]

E não é só a legislação de regência da profissão dos notários que lhes confere esse tratamento (a exemplo das demais profissões legalmente regulamentadas). Não. Também a legislação do imposto de renda, e a legislação previdenciária, determinam de forma expressa o seu tratamento como *profissionais autônomos*. A natureza pessoal do serviço, nesse caso, recebe uma tônica ainda maior que no caso de advogados, contadores, médicos etc., pois estes se podem organizar, para fins de imposto de renda, como pessoas jurídicas, mantendo, contudo, sua responsabilidade pessoal pelos serviços que

> prestam e a tributação fixa pelo ISS. Em relação ao notário, e ao registrador, nem isso. Até no âmbito da tributação da renda, e da previdência social, são sempre considerados prestadores de serviços de natureza pessoal.
>
> A legislação do imposto de renda, com efeito, dispõe que os notários e registradores deverão ser tributados como *pessoas físicas*, submetendo-se ao imposto de renda das pessoas física (IRPF). [...].
>
> [...]
>
> Também no âmbito previdenciário, como referido, o art. 40 da Lei 8.935/94 é claro ao determinar que o registrador ou notário deve ser tratado como prestador de serviço autônomo, pessoa física. [...].
>
> [...]
>
> Não há dúvida, portanto, quanto à aplicabilidade do art. 9º, parágrafo 1º, do DL 406/68 aos notários e registradores, sobretudo diante da necessidade de coerência lógica entre o tratamento dispensado aos mesmos pela legislação do ISS e o tratamento dispensado pelo sistema tributário e previdenciário.
>
> Realmente, até em respeito ao art. 110 do CTN, a qualificação quanto à natureza da atividade que desempenham não poderia ser uma para a legislação como um todo (civil, administrativa, tributária e providenciaria) e outra apenas para fins de incidência de um tributo específico, no caso, o ISS.[138]

Todavia, o Superior Tribunal de Justiça (STJ) vem entendendo de forma consistente que o artigo 9º, parágrafo 1º, do Decreto-lei 406/1968 não se aplica aos delegatários extrajudiciais, sendo legal a cobrança de ISSQN sobre o valor cobrado pelos serviços prestados. Esse posicionamento vem sendo consolidado por todos os órgãos colegiados do Superior Tribunal de Justiça (STJ) que possuem competência tributária: Primeira Turma, Segunda Turma e Primeira Seção, que é constituída pela reunião dos dois primeiros mencionados.

Mostra-se necessário, então, colacionar a ementa do precedente que definiu o entendimento da matéria na Primeira Seção do Superior Tribunal de Justiça (STJ):

[138] Machado Segundo, Hugo de Brito; Machado, Raquel Cavalcanti Ramos. **A forma de calcular o ISS incidente sobre a atividade de Notas e Registros Públicos**. Revista Dialética de Direito Tributário (RDDT), São Paulo, 160, jan. 2009, p. 51-59, citação colhida nas páginas 51-56.

PROCESSUAL CIVIL. RECURSO ESPECIAL. SUPOSTA OFENSA AO ART. 535 DO CPC. INEXISTÊNCIA DE VÍCIO NO ACÓRDÃO RECORRIDO. TESES BASEADAS EM PRECEITOS CONSTITUCIONAIS. INADEQUAÇÃO DA VIA ELEITA. TRIBUTÁRIO. ISS. PRESTAÇÃO DE SERVIÇOS DE REGISTROS PÚBLICOS (CARTORÁRIO E NOTARIAL). ENQUADRAMENTO NO REGIME ESPECIAL PREVISTO NO ART. 9º, § 1º, DO DECRETO-LEI 406/68. IMPOSSIBILIDADE. PRECEDENTES DAS TURMAS DA PRIMEIRA SEÇÃO/STJ.

1. Não havendo no acórdão recorrido omissão, obscuridade ou contradição, não fica caracterizada ofensa ao art. 535 do CPC.

2. As teses no sentido de que há bitributação e violação ao princípio da isonomia estão baseadas na suposta contrariedade a preceitos constitucionais, razão pela qual não é possível seu exame em sede de recurso especial.

3. A prestação de serviços de registros públicos (cartorário e notarial) não se enquadra no regime especial previsto no art. 9º, § 1º, do Decreto-Lei 406/68, pois, além de manifesta a finalidade lucrativa, não há a prestação de serviço sob a forma de trabalho pessoal do próprio contribuinte, especialmente porque o art. 236 da CF/88 e a legislação que o regulamenta permitem a formação de uma estrutura economicamente organizada para a prestação do serviço de registro público, assemelhando-se ao próprio conceito de empresa.

3. *(Sic)* Recurso especial parcialmente conhecido e, nessa parte, não provido.[139]

Colhe-se do Voto reitor do Acórdão,

Em suma, a Constituição Federal dispõe que os serviços notariais e de registro são exercidos em caráter privado, por delegação do Poder Público, cabendo à lei disciplinar a responsabilidade civil e criminal dos notários, dos oficiais de registro e de seus prepostos, e definir o exercício da fiscalização pelo Poder Judiciário (art. 236, caput e § 1º). O exame da legislação que regulamenta o art. 236 da Constituição Federal implica, necessariamente, a conclusão no sentido de que o desempenho das **funções típicas dos notá-**

[139] STJ, REsp 1328384/RS, Primeira Seção, Julgamento por maioria, Rel. Min. Napoleão Nunes Maia Filho, Rel. p/ Acórdão Min. Mauro Campbell Marques, Sessão de 04.02.2013, DJe de 29.05.2013. Disponível no *site* do STJ: http://www.stj.jus.br/sites/portalp/Inicio. Acesso em: 12 jun. 2020.

rios e oficiais de registro pode ser delegado, por meio da contratação de empregados, cabendo ao notário ou oficial de registro, no exercício do poder diretivo, delimitar os atos que podem ser praticados, formando-se uma estrutura economicamente organizada para a prestação do serviço de registro público. Havendo a efetiva contratação de funcionários, serão estes, e não o titular da atividade notarial e de registro, que executarão os serviços, sendo isso notório nos cartórios instalados nos grandes centros urbanos. Ressalte-se que essa peculiaridade não é relevante para o usuário do serviço, especialmente porque a relação jurídica estabelecida entre ele e o prestador prescinde do elemento confiança (fidúcia).

Em relação ao tema responsabilidade civil — suscitado nas razões de recurso especial —, o art. 22 da Lei 8.935/94 estabelece que *"os notários e oficiais de registro responderão pelos danos que eles e seus prepostos causem a terceiros, na prática de atos próprios da serventia, assegurado aos primeiros direito de regresso no caso de dolo ou culpa dos prepostos"*. É oportuno registrar que ao empregador é imposto sistema de reparação civil similar, respondendo ele por seus próprios atos e por aqueles praticados por seus empregados e prepostos, no âmbito da relação de trabalho (art. 932, III, do Código Civil). Contudo, tal previsão não garante ao empregador que atua na prestação de serviços passíveis de incidência pelo ISS, o direito ao tratamento privilegiado. Isso porque não foi esse o critério adotado pelo legislador para fins de enquadramento no art. 9º, § 1º (contribuinte individual) e § 3º (sociedade), do Decreto-Lei 406/68.

Não obstante o regime próprio - art. 236 da CF/88 e Lei 8.935/94 -, que impossibilita o enquadramento dos titulares de serviços notariais e de registro no conceito de empresa, **é evidente que a prestação do serviço efetiva-se através da combinação dos fatores de produção (sobretudo contratação de mão de obra e tecnologia), associada à finalidade lucrativa.** Nesse contexto, embora não seja atividade empresarial, a prestação de serviços de registros públicos ocorre através de uma estrutura economicamente organizada.

Assim, **a prestação de serviços de registros públicos (cartorário e notarial) não se enquadra no regime especial previsto no art. 9º, § 1º, do Decreto-Lei 406/68, pois, além de manifesta a finalidade lucrativa, não há a prestação de serviço sob a forma de trabalho pessoal do próprio contribuinte**, especialmente porque o art. 236 da CF/88 e a legislação que o regulamenta permitem a formação de uma estrutura economicamente organizada para a prestação do serviço de registro público, assemelhando-se ao próprio conceito de empresa.[140/141]

Disso, nota-se que o Superior Tribunal de Justiça (STJ) consolidou o entendimento de que os delegatários extrajudiciais notários e registradores não se enquadram na tributação privilegiada delineada no artigo 9º, parágrafo 1º, do Decreto-lei 406/1968. Compreende-se que esses profissionais, para a exação de ISSQN, não exercem sua função de forma pessoal, sendo auxiliados por empregados que formam uma estrutura economicamente ativa que visa ao lucro. Essa estrutura maneja fatores de produção (contratação de mão-de-obra e meios tecnológicos) que a tornam semelhante a uma organização de natureza empresarial.

Essa matéria chegou ao Supremo Tribunal Federal (STF), que enunciou que a discussão seria de direito infraconstitucional, não havendo repercussão geral no plano constitucional. Essa posição foi definida no julgamento do Tema 641, de 28.03.2013:

> Ementa do julgado: "Recurso extraordinário com agravo. Tabelionato de Registro Civil. Sujeição ao ISS. Cálculo do tributo. Exegese das normas dos arts. 9º, § 1º, do Decreto-lei nº 406/68 e 7º, caput, da Lei Complementar nº 116/03. Matéria eminentemente infraconstitucional. Ausência de repercussão geral. Não conhecimento do recurso. Não apresenta repercussão geral o recurso extraordinário que, tendo por objeto a delimitação da base de cálculo do ISS devido por tabeliães, versa sobre matéria infraconstitucional."
>
> Tema 641: "641 – Delimitação da base de cálculo do Imposto sobre Serviços de Qualquer Natureza – ISSQN devido pela prestação de serviços de registros públicos, cartorários e notariais."
>
> Tese: **"É infraconstitucional, a ela se aplicando os efeitos da ausência de repercussão geral, a controvérsia relativa ao enquadramento da prestação dos serviços de registros públicos, cartorários e notariais na**

140 STJ, REsp 1328384/RS, Primeira Seção, Julgamento por maioria, Rel. Min. Napoleão Nunes Maia Filho, Rel. p/ Acórdão Min. Mauro Campbell Marques, Sessão de 04.02.2013, DJe de 29.05.2013, Voto reitor do Acórdão. Disponível no *site* do STJ: http://www.stj.jus.br/sites/portalp/Inicio. Acesso em: 12 jun. 2020.

141 Grifos nossos.

sistemática de recolhimento do ISS prevista no art. 9º, § 1º, do Decreto-Lei nº 406/1968."[142/143]

Frente a essa compreensão do Supremo Tribunal Federal (STF), conclui-se que é a posição do Superior Tribunal de Justiça (STJ), examinada há pouco, que prevalecerá em nosso Sistema Tributário Nacional a respeito da base de cálculo e da alíquota do ISSQN incidente sobre os serviços extrajudiciais notariais e de registros.

De lege ferenda, poder-se-ia cogitar que a base de cálculo do ISSQN incidente sobre serviços extrajudiciais notariais e de registros fosse o valor da receita líquida do delegatário, já descontada a parcela que mantém a natureza de taxa e que é recolhida ao Erário estadual. Afigura-se que essa conjectura seria mais compatível com a grandeza econômica tributada e com a própria materialidade do imposto em questão, que é a prestação de serviço por um profissional privado e autônomo. Atenderia de uma maneira mais plena e adequada ao princípio constitucional da capacidade contributiva: artigo 145, §1º, da Constituição da República Federativa do Brasil de 1988 (CRFB/88). Todavia, claro, isso dependeria de atividade legislativa do Congresso Nacional, que teria que editar lei complementar a respeito em alteração ao direito hoje posto (*lege lata:* Lei Complementar 116/2003).

Por fim, há questão relevante sobre a possibilidade, ou não, de repasse econômico do valor do ISSQN devido pelo delegatário extrajudicial ao usuário de seus serviços.

O ISSQN incidente sobre o valor do serviço prestado geralmente convola-se em tributo indireto, pois, na realidade do mercado, acaba por ser repassado ao contratante do serviço como custo do prestador contratado.

A primeira Seção do Superior Tribunal de Justiça (STJ) já pontificou:

> "O ISS, como de sabença, é espécie tributária que admite a sua dicotomização como tributo direto ou indireto, consoante o caso concreto."[144]

[142] Dados do julgado: STF, ARE 699362 RG/RS, Repercussão Geral no Recurso Extraordinário com Agravo, Tema sem repercussão geral 641, Relator Min. Dias Toffoli, Julgamento em 28.03.2013, DJe de 06.06.2013. Disponível no *site* do STF: http://www.stf.jus.br/portal/principal/principal.asp. Acesso em: 12 jun. 2020.

[143] Grifos nossos.

[144] STJ, REsp 1.131.476-RS, Primeira Seção, Rel. Min. Luiz Fux, Sessão de 09.12.2009, DJe de 01.02.2010, Voto do Relator. Disponível no *site* do STJ: http://www.stj.jus.br/sites/portalp/Inicio. Acesso em: 12 jun. 2020.

Frente a esse quadro, surgiu, entre os delegatários extrajudiciais, a pretensão de repassar aos usuários dos seus serviços o valor de ISSQN eventualmente cobrado pelo município sede da serventia. A matéria foi levada ao Conselho Nacional de Justiça (CNJ), que, em 2017, decidiu que o repasse somente seria possível se a lei estadual respectiva de emolumentos o admitisse; ou, então, se a lei municipal da exação permitisse a cobrança do "ISS por fora", ou seja, com valor destacado do montante – dos emolumentos tabelados – cobrado pela serventia. Entendeu-se que o repasse sem previsão em norma estadual ou municipal violaria o artigo 3º, inciso III, da Lei 10.169/2000, que deixa claro que a cobrança de emolumentos está jungida rigidamente à previsão legal. Essa decisão do Conselho Nacional de Justiça (CNJ) foi tomada no seguinte processo administrativo: CNJ, PP 0002715-83.2016.2.00.0000, Decisão do Corregedor Nacional de Justiça, Min. João Otávio de Noronha, de 25.04.2017. Cumpre transcrever seu teor:

> Trata-se de pedido de providências formulado por [nome omitido] em desfavor do Conselho Nacional de Justiça (CNJ).
>
> Em síntese a requerente pleiteia que seja publicado pela corregedoria nacional provimento regulamentando o pagamento de ISSQN incidente sobre os serviços prestados pelas serventias extrajudiciais, de forma a que o valor recolhido pelos cartórios seja repassado ao usuário do serviço.
>
> **Oficiados a se manifestar sobre o pedido inicial, os Tribunais de Justiça dos Estados foram unânimes em opinar pela improcedência da pretensão deduzida na inicial, tendo em vista que a imposição de obrigação tributária submete-se ao princípio da reserva legal, sendo matéria absolutamente estranha ao poder censório-disciplinar das Corregedorias de Justiça.**
>
> **No mesmo sentido Associação dos Notários e Registradores do Brasil – ANOREG/BR entende que viável a possibilidade de repasse do ISS aos usuários dos serviços notariais e de registro, desde que com base em lei municipal.**
>
> É o relatório. Decido.
>
> Como se sabe, após o julgamento da ADI nº. 3.089-2/DF ficou pacificada a questão relativa à incidência de Imposto Sobre Serviços de Qualquer Natureza sobre a atividade notarial e registral.
>
> No entanto, cumpre registrar que o Supremo Tribunal Federal não definiu qual seria a base de cálculo do ISSQN. Em razão disso, os titulares dos serviços notariais e de registro buscaram discutir esse aspecto da cobrança.

Em relação ao tema, a posição do STJ firmou-se no sentido de que os notários e registradores devem pagar o ISSQN considerando como base de cálculo o preço do serviço e considerando a diferença das alíquotas nas diversas legislações municipais, de forma que a exação assume feição de tributo indireto, sendo passível de transferência do ônus financeiro dele decorrente ao contribuinte de fato, no caso, o usuário do serviço.

Tal solução, entretanto, não se coaduna com o disposto na Lei n. 10.169/2000 que, ao estipular as regras gerais para os Estados e o Distrito Federal fixarem o valor dos emolumentos relativos aos atos praticados pelos respectivos serviços notarias e de registro, dispôs em se artigo 3º, inciso III expressa vedação de cobrança de quaisquer outras quantias não expressamente previstas nas tabelas de emolumentos.

Assim – muito embora os tributos decorrentes da prestação de qualquer serviço sejam considerados custos de tais serviços e, portanto, repassados ao tomador – especificamente no que se refere aos serviços notarias e de registro, **há de se considerar que são todos tabelados por leis estaduais que em sua maioria não preveem a inclusão do valor do ISSQN a ser recolhido pelos responsáveis por serventias extrajudiciais. Ou seja, os titulares dos serviços de notas e de registro não podem repassar esse custo aos usuários a menos que, para tanto, haja expressa previsão na lei estadual que fixa o valor dos emolumentos a serem percebidos em razão da prestação dos serviços cartorários.**

Foi o que ocorreu, por exemplo, nos Estados de São Paulo e Tocantins, consoante informações encaminhadas pelos Tribunais de Justiça daqueles Estados (Id 2147484 – CGJ-TJ/SP; e Id 2147696 – CGJ-TJ/TO).

Outra possibilidade seria a disposição, em lei municipal, no sentido de que a carga econômica decorrente da incidência do tributo em referência seja repassada aos usuários dos serviços.

Nesse sentido, a Lei Complementar n. 80, de 21/06/2011, do Município de Curitiba:

"Art. 13-B. Os tabeliães e escrivães deverão destacar em documento fiscal o imposto devido sobre as receitas dos serviços prestados. Parágrafo único. O valor do imposto destacado na forma do caput não integra o preço do serviço".

Tal solução também foi adotada pelo Município de Porto Alegre, que promoveu a alteração da Lei Complementar n. 7/1973, in verbis:

"Art. 56. Os tabeliães e escrivães deverão destacar, na respectiva nota de emolumentos dos serviços prestados, o valor relativo ao imposto, calculado sobre o total de emolu-

> *mentos e acrescido destes. Parágrafo único. O valor do imposto destacado na forma do "caput" não integra o preço do serviço".*
>
> Tal procedimento, adotado pelos municípios de Curitiba e Porto Alegre, consiste no chamado "ISS por fora", só sendo possível quando expressamente autorizado na lei municipal, Ressalte-se que, mesmo nesse caso, os titulares de cartórios continuam sendo os sujeitos passivos da obrigação tributária, podendo, porém, cobrar o imposto a ser recolhido diretamente dos tomadores *do (sic)* serviços.
>
> Seja como for, o acolhimento da pretensão deduzida no presente pedido de providências somente poderia ser satisfeita através da atividade legislativa, seja do ente com competência para regulamentar o percebimento de emolumentos pelos titulares de serventias extrajudiciais, seja pelo ente municipal instituidor do imposto sobre serviços.
>
> Diante do exposto, sendo impossível a fixação pelo Conselho Nacional de Justiça, por resolução ou por provimento, de regulamento do pagamento de ISSQN, JULGO IMPROCEDENTE o presente pedido de providências.
>
> Cientifique-se as Corregedorias de Justiça dos Estados e do Distrito Federal dos termos da presente decisão.
>
> Após o decurso do prazo recursal, arquive-se.
>
> Intime-se. Cumpra-se[145/146]

Assim, se o delegatário extrajudicial tiver a pretensão de repassar o valor de ISSQN ao tomador do seu serviço, antes, deverá verificar se sua respectiva lei estadual de emolumentos admite essa operação econômica, ou se a própria lei municipal da exação admite o destaque "por fora" do valor do tributo.

Há registro doutrinário que aponta que, existindo previsão legal, o repasse do ISSQN ao usuário seria obrigatório:

> Existindo lei estadual ou municipal prevendo que o ISSQN compõe o preço do serviço, não é possível que o notário ou registrador deixe de repassar ao usuário do serviço o referido imposto, pois deixar de repassar configuraria dar desconto para o usuário, o que é vedado por lei. De fato, a Lei nº

[145] CNJ, PP 0002715-83.2016.2.00.0000, Decisão do Corregedor Nacional de Justiça, Min. João Otávio de Noronha, de 25.04.2017. Disponível no *site* do CNJ: https://www.cnj.jus.br/pjecnj/ConsultaPublica/listView.seam. Acesso em: 12 jun. 2020.

[146] Grifos nossos.

8.935/94, estabelece, em seu art. 30, VIII, dentre os deveres dos notários e dos oficiais de registro, a obrigação de observar os emolumentos fixados para a prática dos atos do seu ofício.[147]

Dito isso, finaliza-se o exame das conjunturas que colocam o delegatário extrajudicial como contribuinte de exações tributárias.

[147] ASSUMPÇÃO, Letícia Franco Maculan. **O ISSQN e os serviços notariais e de registro: de acordo com o CPC, com a jurisprudência atual, apresentando análise da questão do repasse ao usuário dos serviços.** *Site* do Colégio Notarial do Brasil – Conselho Federal, 10/05/2018. *Site*: http://www.notariado.org.br/blog/notarial/o-issqn-e-os-servicos-notariais-e-de-registro-de-acordo-com-o-cpc-com-jurisprudencia-atual-apresentando-analise-da-questao-do-repasse-ao-usuario-dos-servicos. Acesso em: 12 jun. 2020.

CONCLUSÕES

O Direito Tributário é um campo jurídico relevante aos delegatários de serviços extrajudiciais notariais e registrais brasileiros. Os tabeliães dos serviços de Tabelionato de Notas (TN) e de Tabelionato de Protesto de Títulos (TP) e os oficiais ou registradores de Registro de Imóveis (RI), de Registro de Títulos e Documentos (RTD), de Registro Civil das Pessoas Jurídicas (RCPJ) e de Registro Civil das Pessoas Naturais (RCPN) praticam atos jurídicos que interessam e geram efeitos no Direito Tributário. Chama atenção a incursão teórica que o estudo dos serviços extrajudiciais notariais e de registros propicia ao pesquisador interessado em seus temas. Eles nascem no Direito Constitucional e são disciplinados no Direito Administrativo, matérias essenciais do Direito Público. Como dito, seus atos são fortemente fundados no Direito Civil e no Direito Empresarial – terrenos substanciais do Direito Privado. E geram relevantes efeitos na seara do Direito Tributário, num belo retorno ao Direito Público.

A relação jurídica de direito material tributário possui natureza obrigacional. Liga o sujeito ativo, que é uma pessoa jurídica de direito público, ao sujeito passivo, que é o contribuinte. Contudo, além deste, a sujeição passiva tributária também alcança o responsável tributário *lato sensu*, que pode ser o substituto tributário ou o responsável tributário *stricto sensu*. Ser, essa relação jurídica, obrigacional é uma garantia do Sistema Tributário ao sujeito passivo, pois ficam estabelecidos direitos e deveres, diferente do que seria se o vínculo fosse apenas de sujeição à lei numa relação de submissão ao Poder Estatal. Sendo obrigacional, a relação jurídica tem lindes conhecidos previstos em lei. Sua extinção geralmente decorre – tão-somente – do pagamento do tributo.

Dispõe o Código Tributário Nacional que o sujeito passivo é contribuinte quando *"tenha relação pessoal e direta com a situação que constitua o respectivo fato gerador"* (artigo 121 do Código Tributário Nacional). Contribuinte é o ocupante natural da função passiva da relação tributária. Se não houver alguma outra circunstância – sempre legal – que ressaia da normal relação jurídico-tributária primária, o contribuinte responderá pela obrigação.

Há situações diversas nas quais a lei coloca no polo passivo da relação jurídico-tributário outras pessoas, físicas ou jurídicas, ao lado do contribuinte, surgindo a responsabilidade tributária *lato sensu*. O responsável tributário não participa do fato gerador, posição exclusiva do contribuinte, mas dele tem alguma proximidade.

A responsabilidade tributária *lato sensu* divide-se em substituição tributária e em responsabilidade tributária *stricto sensu*. Na substituição tributária, a lei prevê que, desde sua gênese, o tributo será suportado pelo substituto tributário, que poderá se compensar logicamente do ônus financeiro da exação, que cabe naturalmente ao contribuinte. Na responsabilidade tributária *stricto sensu* exsurge algum fato, sempre previsto em lei, que perpassa ou transfere a responsabilidade tributária do contribuinte ao terceiro responsável, podendo ter caráter sancionatório.

Sobre solidariedade tributária, discerne o Código Tributário Nacional duas situações. Na primeira, a do inciso I do referido artigo 124, fica claro que o responsável deve apresentar proximidade ao fato gerador. Utiliza-se a expressão "interesse comum" para caracterizar essa situação. Esse interesse comum deve significar uma relação direta com a situação do fato gerador. Ele deve ressair imediatamente do fato gerador, sem a necessidade de intermediações, como, por exemplo, de definição específica na lei instituidora do tributo. É chamada de "solidariedade de fato". A solidariedade decorrente de lei já é objeto do inciso II desse artigo 124. Ela necessita de intermediação da lei tributária, que dispõe um terceiro como responsável pelo pagamento do tributo. É chamada de "solidariedade de direito".

Os serviços extrajudiciais notariais e de registros, como consta expressamente na Carta Política, são exercidos por pessoas físicas, de forma privada, por meio de delegação, sendo necessário provimento por intermédio de concurso público de provas e títulos. Os serviços extrajudiciais notariais e de registros são exercidos por meio de uma delegação *sui generis* de uma função estatal. Seus delegatários são pessoas físicas em função de auxílio ao serviço estatal. São terceiros em colaboração com o serviço público. Essa natureza jurídica de pessoa física terceira em colaboração com o serviço público vem sendo reconhecida pelo Supremo Tribunal Federal.

O Supremo Tribunal Federal já enunciou, há anos, que acolhe a classificação quinquipartida ou quinquipartite das espécies tributárias (RE 146.733-SP): impostos, taxas, contribuições de melhoria, empréstimos compulsórios e contribuições especiais. A espécie das contribuições especiais divide-se em contribuições sociais (CS) – incluídas as previdenciárias –, contribuição de intervenção no domínio econômico (CIDE), contribuições do interesse de categorias profissionais ou econômicas (CICPE) e de contribuição de iluminação pública (CIP).

O tributo "taxa" interessa sobremaneira a este estudo, pois já se encontra pacificado em Doutrina e Jurisprudência do Supremo Tribunal Federal que é a espécie que melhor acolhe o conceito dos "emolumentos" que são cobrados nos serviços extrajudiciais notariais e de registros brasileiros. As taxas são tributos vinculados. Pressupõem alguma atuação estatal em favor do contribuinte. Dividem-se em taxa de serviço ou em taxa pelo exercício do poder de polícia (ou taxa de polícia). Os emolumentos extrajudiciais são cobrados em contrapartida à prestação de um serviço público específico e divisível, logo, são "taxa de serviço". Sendo assim, estão submetidos aos princípios gerais do Sistema Tributário Nacional e às limitações constitucionais ao poder de tributar, dispostos na Constituição da República Federativa do Brasil de 1988 (a partir de seu artigo 145).

Os delegatários extrajudiciais estão submetidos a obrigações tributárias acessórias. Obrigação tributária principal é constituída pelo dever de pagar tributo ou penalidade. Todas as demais obrigações tributárias são acessórias. O fato gerador da obrigação acessória não precisa estar previsto em lei formal, que é a lei aprovada pelo Poder Legislativo. Ele exige tão-somente a utilização de lei material, que é o ato normativo abstrato instituído pelo poder estatal sem passar necessariamente pelo processo legislativo. Isso significa que obrigações tributárias acessórias podem ser previstas em decretos e outros atos infralegais do Poder Executivo.

A União, por meio da Receita Federal do Brasil, estabeleceu a obrigação tributária acessória de inscrição dos serviços dos delegatários extrajudiciais no CNPJ. Essa obrigação está prevista, atualmente, na Instrução Normativa RFB 1.863/2018, artigo 4º. O delegatário extrajudicial também é obrigado a ter inscrição no Cadastro Específico do INSS (CEI), nos termos do artigo 17, inciso II, alínea "b", e do artigo 19, inciso II, alínea "g", da

Instrução Normativa RFB 971/2009. Uma das mais relevantes obrigações tributárias acessórias do delegatário extrajudicial é o preenchimento do Livro-Caixa para fins de apuração da exação de Imposto de Renda. Essa obrigação está prevista no Decreto 9.580/2018, artigos 68 e 69. Autoriza o CNJ, por seu Provimento 45/2015, que o Livro Diário Auxiliar da Receita e da Despesa, documento administrativo da serventia, seja utilizado como Livro-Caixa. O delegatário extrajudicial está obrigado ao preenchimento da Relação Anual de Informações Sociais (RAIS), instituída pelo Decreto 76.900/75. Por fim, o próprio Código Tributário Nacional, no seu artigo 197, inciso I, regra que o delegatário extrajudicial é obrigado a prestar informações de que disponha em relação a bens, negócios e atividades de terceiro, quanto instado a fazê-lo.

Afigura-se muito interessante e relevante a responsabilidade do delegatário extrajudicial com relação ao recolhimento da parcela da "taxa" emolumentos que cabe à unidade federativa "Estado" tributante, que é presentado por seu Poder Judiciário local. Na relação jurídica tributária material "Estado – administrado/contribuinte", o delegatário do serviço extrajudicial apenas funciona como um agente que executa uma função auxiliar da administração fiscal do Estado. Executa a tarefa administrativa de cobrar o tributo taxa, como se fosse um banco recebendo um pagamento tributário. Nessa especial relação jurídico-tributária material "Estado – administrado/contribuinte", o delegatário de serviços extrajudiciais notariais e de registros apenas funciona como um agente cobrador ou arrecadador da taxa devida. O delegatário extrajudicial cobra a taxa devida pelo serviço prestado ao administrado/contribuinte. Uma parcela dessa taxa é sua remuneração pessoal pelo serviço prestado como profissional jurídico autônomo; outra, mantendo sua natureza de tributo, deve ser recolhida ao erário estadual, em conta vinculada ao Tribunal de Justiça local. Pode existir dever legal, previsto na legislação tributária em favor do poder tributante, dirigido a pessoa física ou jurídica terceira com relação ao fato gerador. Esse dever legal, quando existente, caracteriza-se como obrigação tributária acessória, disciplinada no artigo 113 do Código Tributário Nacional. A função exercida pelo delegatário extrajudicial na ora descrita relação jurídica "Estado – administrado/contribuinte" caracteriza-se como o exercício do papel de sujeito passivo de uma obrigação tributária acessória. O delegatário não é protagonista, nesta conjuntura, na relação jurídica da obrigação tributária principal existente entre Estado e administrado/contribuinte usuário do serviço extrajudicial, o qual, este último, deve pagar o tributo taxa que recebe a denominação específica de "emolumentos". Nesse quadro, o delegatário tem a obrigação legal de cobrar e arrecadar o tributo devido pelo usuário em razão da prestação do serviço extrajudicial; na sequência, tem o dever legal de recolher aos cofres públicos a parcela que cabe, por lei, ao Poder Tributante. Deixar de recolher tributo cobrado ou descontado aos cofres públicos é crime punido com pena de detenção, de seis meses a dois anos, e multa. Esse crime está tipificado no artigo 2º, inciso II, da Lei 8.137/90, que deve ser lido juntamente com seu artigo 1º. Condutas tipificadas como infrações e crimes induzem a responsabilidade tributária disciplinada nos artigos 136 e 137 do Código Tributário Nacional, que se aplicam aos delegatários extrajudiciais na hipótese de não-recolhimento da parcela da "taxa" emolumentos ao Fisco estadual. Se caraterizado o não-recolhimento tributário, que também é tipificado como crime, o delegatário extrajudicial devedor/infrator tem o dever de recolher o tributo devido e respectivas correção monetária, juros e multa, e, além disso, ainda responderá nas esferas administrativa e penal por sua conduta ilícita.

Pelo Código Tributário Nacional, o delegatário extrajudicial pode figurar como sujeito passivo de relações de "responsabilidade tributária *stricto sensu*", mas não em relações de "substituição tributária". Esta é ligada ao fenômeno do tributo indireto, que se desenrola ao longo de uma cadeia produtiva, na qual o impacto econômico da exação vai sendo repassado até chegar ao consumidor final, cenário próprio do ICMS (Imposto sobre operações relativas à Circulação de Mercadorias e sobre prestações de Serviços de transporte interestadual e intermunicipal e de comunicação) e do IPI (Imposto sobre Produtos Industrializados), por exemplo. O delegatário extrajudicial, no seu mister, não integra, na condição de terceiro, cadeias econômicas de tributos indiretos como os citados, nem possui relação direta e pessoal com fatos geradores eventualmente verificados em atos notariais e registrais por si praticados. Ele apresenta um vínculo, que é constituído pela obrigação legal de fiscalizar o pagamento de determinados tributos. Sua responsabilidade pode surgir em uma segunda relação jurídica com o poder tributante, que não existe originariamente. Há proximidade, mas não tão estreita quanto à da substituição tributária. Na matéria examinada, ela somente exsurge se o terceiro – delegatário extrajudicial – praticar um ato ilícito ou omitir-se, um ato ou omissão que contrarie um dever a si dirigido. Para afastar o risco de se tornar responsável tributário *stricto sensu*, tem a alternativa de se recusar a praticar o ato se o recolhimento do tributo não for comprovado pelo contribuinte. Tem o poder legal de impor essa condição ao usuário de seu serviço.

No passado, já se discutiu se essa obrigação tributária dos delegatários extrajudiciais apenas se circunscreveria a "impostos", tendo em conta que essa é a expressão literal utilizada nos artigos 289 da Lei 6.015/73 e 30, inciso XI, da Lei 8.935/94. O Código Tributário Nacional possui *status* de lei complementar. Assim foi recepcionado pela Constituição da República Federativa do Brasil de 1988. É a norma infraconstitucional que complementa o Sistema Tributário Nacional, desenhado na Carta Política de 1988. Possui pleno condão para estabelecer as normais gerais sobre obrigação tributária. Em sua complementação, de seu turno, vieram as Leis 6.015/73 e 8.935/94, bem como a 8.212/91, que trata de contribuições sociais previdenciárias. Não há contradição, nem aparente, entre elas. As três últimas são leis ordinárias que complementam uma superior lei complementar por natureza, o Código Tributário Nacional. Logo, pode-se asseverar que a responsabilidade tributária *stricto sensu* dos delegatários extrajudiciais, contida no art. 134, inciso VI, do Código Tributário Nacional, também engloba as contribuições previdenciárias do RGPS brasileiro, tributos da espécie "contribuição social". Os impostos sobre os quais o delegatário extrajudicial possui responsabilidade tributária de fiscalização são o "Imposto sobre Transmissão *causa mortis* e Doação (ITCMD)", de competência dos Estados e do Distrito Federal, previsto no artigo 155, inciso I, da Constituição da República Federativa do Brasil de 1988; e o "Imposto sobre Transmissão *inter vivos* de Bens Imóveis (ITBI)", de competência dos Municípios, estabelecido no art. 156, inciso II, também da Constituição da República Federativa do Brasil de 1988. Outra responsabilidade tributária *stricto sensu* relevante dos delegatários extrajudiciais é a de descontar e recolher o Imposto de Renda mensal e as contribuições previdenciárias de seus empregados celetistas. As mencionadas contribuições previdenciárias também devem ser descontadas de segurados contribuintes individuais que lhe prestem serviços.

Os delegatários extrajudiciais são contribuintes do Imposto de Renda Pessoa Física (IRPF), o que é compatível com a natureza de sua função estatal. O tema está disposto no artigo 118, inciso I, do Decreto 9.580/2018, editado com base nas Leis 7.713/88 e 9.430/96.

O delegatário extrajudicial também é contribuinte de contribuição previdenciária em duas dimensões: da sua contribuição previdenciária própria, como contribuinte individual, e da contribuição previdenciária de natureza patronal referente aos seus empregados celetistas e aos segurados contribuintes individuais que lhe prestem serviços, que são segurados do RGPS. A exação de contribuição previdenciária própria decorre de sua condição de segurado obrigatório contribuinte individual do RGPS, nos termos do artigo 12, inciso V, alínea "h", e 21 da Lei 8.212/91. A contribuição previdenciária de natureza patronal é induzida pela situação de o delegatário extrajudicial ser contribuinte individual equiparado a "empresa" quando contrata empregados celetistas e segurados contribuintes individuais prestadores de serviço, o que está previsto no artigo 15 da Lei 8.212/91.

Por derradeiro, a Lei Complementar 116/2003 estabelece a prestação de serviços notariais e registrais como fato gerador de ISSQN. Isso está disposto no artigo 1º combinado com o item 21.01 da sua "Lista de serviços anexa". Essa exação sofreu diversas críticas ao longo do tempo. Uma delas foi a discussão sobre sua constitucionalidade. A questão foi judicializada em todo o território nacional. Foi ajuizada a Ação Direta de Inconstitucionalidade (ADI) pela Associação dos Notários e Registradores do Brasil (ANOREG/BR), que recebeu o número 3.089/DF no Supremo Tribunal Federal (STF). Essa Ação Direta de Inconstitucionalidade (ADI) foi distribuída em 15.12.2003, poucos meses depois, portanto, da edição da Lei Complementar 116/2003, tendo sido sorteada para a relatoria do Ministro Ayres Britto. Na Sessão de 13.02.2008, o Plenário do STF decidiu, por maioria, julgar improcedente o pedido dessa ação. Decidiu-se que a exação questionada seria constitucional. Respeitosamente, pensamos que esse relevante precedente do Supremo Tribunal Federal (STF), que a todos obriga, pode ser interpretado da forma seguinte, a qual harmonizaria o entendimento fixado de modo definitivo com os preceitos de nosso Sistema Tributário Nacional: haveria duas relações jurídico-tributárias em questão. A primeira dar-se-ia entre "Estado – administrado/contribuinte", usuário do serviço extrajudicial. Sobre essa incidiria o tributo estadual "taxa" emolumentos. A segunda dar-se-ia entre o "Município – titular do serviço extrajudicial", e teria como fato gerador o serviço prestado de forma remunerada pelo segundo, incidindo o tributo municipal ISSQN. Assim, nessa linha interpretativa, não se cogitaria de o imposto ter a mesma base de cálculo da taxa no plano jurídico, nem haveria violação ao Princípio Constitucional da Imunidade Recíproca.

Quanto à base de cálculo do ISSQN, defende-se, por parte dos delegatários extrajudiciais, que os Municípios não deveriam considerar o valor cobrado pelo serviço, mas, sim, outros fatores fixos ou variáveis, isso em razão de ser trabalho prestado de forma pessoal pelo próprio contribuinte. Essa possibilidade estaria disposta no artigo 9º, parágrafo 1º, do Decreto-lei 406/196. Todavia, o Superior Tribunal de Justiça (STJ) vem entendendo de forma consistente que o artigo 9º, parágrafo 1º, do Decreto-lei 406/1968 não se aplica aos delegatários extrajudiciais, sendo legal a cobrança de ISSQN sobre o valor cobrado pelos serviços prestados. Esse posicionamento vem sendo consolidado por todos os órgãos colegiados do Superior Tribunal de Justiça (STJ) que possuem competência tributária: Primeira Turma, Segunda Turma, e Primeira Seção, que é constituída pela reunião dos dois primeiros mencionados. O Superior Tribunal de Justiça (STJ) consolidou o entendimento de que os delegatários extrajudiciais notários e registradores não se enquadram na tributação privilegiada delineada no artigo 9º, parágrafo 1º, do Decreto-lei 406/1968. Entende-se que esses profissionais, para a exação de ISSQN, não exercem sua função de forma pessoal, sendo auxiliados por empregados que formam uma estrutura economicamente ativa que visa ao lucro. Essa estrutura maneja fatores de produção (contratação de mão-de-obra e meios tecnológicos) que a tornam semelhante a uma organização de natureza empresarial. Essa matéria chegou ao Supremo Tribunal Federal (STF), que compreendeu que a discussão seria de direito infraconstitucional não havendo repercussão geral no plano constitucional. Frente a essa compreensão do Supremo Tribunal Federal (STF), conclui-se que é a posição do Superior Tribunal de Justiça (STJ) que prevalecerá em nosso Sistema Tributário Nacional a respeito da base de cálculo e da alíquota do ISSQN incidente sobre os serviços extrajudiciais notariais e de registros.

Segundo o Conselho Nacional de Justiça (CNJ), o repasse do valor de ISSQN, devido pelo delegatário extrajudicial, ao usuário do serviço somente pode ser efetuado se a lei estadual de emolumentos respectiva o permitir; ou se a própria lei municipal da exação admitir o destaque "por fora" do valor do tributo.

Almeja-se, com essas linhas, que se possa contribuir com o processo de compreensão de quais são as responsabilidades tributárias atuais dos delegatários extrajudiciais e, assim, colaborar com o labor cotidiano dos Operadores do Direito Notarial e Registral brasileiro.

REFERÊNCIAS

ALVES, Ângela Maria Catão. **Limites do dever de fiscalização dos notários e dos oficiais quanto aos tributos nos termos da Lei Federal nº 8.935/94 e o princípio da legalidade estrita.** Repertório IOB Jurisprudência nº 24/2001, Caderno 1, 2ª DEZEMBRO, dez. 2001, 1/16728, p. 711-713.

AMARO, Luciano. **Direito tributário brasileiro.** – 11. ed. rev. e atual. – São Paulo: Saraiva, 2005.

ASSUMPÇÃO, Letícia Franco Maculan. **O ISSQN e os serviços notariais e de registro: de acordo com o CPC, com a jurisprudência atual, apresentando análise da questão do repasse ao usuário dos serviços.** *Site* do Colégio Notarial do Brasil – Conselho Federal, 10/05/2018. *Site*: http://www.notariado.org.br/blog/notarial/o-issqn-e-os-servicos-notariais-e-de-registro-de-acordo-com-o-cpc-com-jurisprudencia-atual-apresentando-analise-da-questao-do-repasse-ao-usuario-dos-servicos. Acesso em: 12 jun. 2020.

ÁVILA, Alexandre Rossato da Silva. **Curso de direito tributário.** – Porto Alegre: Verbo Jurídico, 2006.

BANDEIRA DE MELLO, Celso Antônio. **Curso de direito administrativo.** 18ª edição. – Ed. Malheiros: São Paulo, 2005.

BARROS, Luiz Celso. **Direito tributário.** 1ª edição. – Editora Jalovi Ltda.: Bauru/SP, 1981.

BASTOS, Celso Ribeiro. **Curso de direito financeiro e de direito tributário.** – 4. ed. atual. – São Paulo: Saraiva, 1995.

BRANDELLI, Leonardo. **Teoria Geral do Direito Notarial**. 3. ed. São Paulo: Saraiva, 2009.

BRASIL. Conselho Nacional de Justiça (CNJ). Provimento 45, de 13.05.2015, da Corregedoria Nacional de Justiça, órgão do Conselho Nacional de Justiça (CNJ). Brasília, DF: Conselho Nacional de Justiça (CNJ), 2015. Disponível em: https://www.cnj.jus.br/atos_normativos/. Acesso em: 03 ago. 2020.

BRASIL. **Constituição da República Federativa do Brasil de 1988 (CRFB/88).** Brasília, DF: Presidência da República, 1988. Disponível em: http://www4.planalto.gov.br/legislacao/. Acesso em: 26 mai. 2020.

BRASIL. Decreto-lei 406, de 31.12.1968. **Estabelece normas gerais de direito financeiro, aplicáveis aos impostos sôbre operações relativas à circulação de mercadorias e sôbre serviços de qualquer natureza, e dá outras providências.** Brasília, DF: Presidência da República, 1968. Disponível em:

http://www4.planalto.gov.br/legislacao/. Acesso em: 01 jun. 2020.

BRASIL. Decreto-lei 1.510, de 27.12.1976. Dispõe sobre tributação federal. Brasília, DF: Presidência da República, 1976. Disponível em: http://www4.planalto.gov.br/legislacao/. Acesso em: 08 jun. 2020.

BRASIL. Decreto-lei 2.398, de 21.12.1987. **Dispõe sobre foros, laudêmios e taxas de ocupação relativas a imóveis de propriedade da União, e dá outras providências.** Brasília, DF: Presidência da República, 1987. Disponível em: http://www4.planalto.gov.br/legislacao/. Acesso em: 08 jun. 2020.

BRASIL. Decreto 76.900, de 23.12.1975. **Institui a Relação Anual de Informações Sociais – RAIS e dá outras providências.** Brasília, DF: Presidência da República, 1975. Disponível em: http://www4.planalto.gov.br/legislacao/. Acesso em: 31 mai. 2020.

BRASIL. Decreto 93.240, de 09.09.1986. **Regulamenta a Lei nº 7.433, de 18 de dezembro de 1985, que "dispõe sobre os requisitos para a lavratura de escrituras públicas, e dá outras providências".** Brasília, DF: Presidência da República, 1986. Disponível em: http://www4.planalto.gov.br/legislacao/. Acesso em: 08 jun. 2020.

BRASIL. Decreto 9.580, de 22.11.2018. **Regulamenta a tributação, a fiscalização, a arrecadação e a administração do Imposto sobre a Renda e Proventos de Qualquer Natureza.** Brasília, DF: Presidência da República, 2018. Disponível em: http://www4.planalto.gov.br/legislacao/. Acesso em: 31 mai. 2020.

BRASIL. Instrução Normativa RFB nº 971, de 13.11.2009. Dispõe sobre normas gerais de tributação previdenciária. Brasília, DF: União, Ministério da Economia, Secretaria da Receita Federal do Brasil, 2009. Disponível em: http://normas.receita.fazenda.gov.br/sijut2consulta/consulta.action. Acesso em: 31 mai. 2020.

BRASIL. Instrução Normativa RFB nº 1.112, de 28.12.2010. Dispõe sobre a Declaração sobre Operações Imobiliárias (DOI). Brasília, DF: União, Ministério da Economia, Secretaria da Receita Federal do Brasil, 2010. Disponível em: http://normas.receita.fazenda.gov.br/sijut2consulta/consulta.action. Acesso em: 30 mai. 2020.

BRASIL. Instrução Normativa RFB nº 1.863, de 27.12.2018. **Dispõe sobre o Cadastro Nacional da Pessoa Jurídica (CNPJ).** Brasília, DF: União, Ministério da Economia, Secretaria da Receita Federal do Brasil, 2018. Disponível em: http://normas.receita.fazenda.gov.br/sijut2consulta/consulta.action. Acesso em: 30 mai. 2020.

BRASIL. Lei complementar 116, de 31.07.2003. **Dispõe sobre o Imposto Sobre Serviços de Qualquer Natureza, de competência dos Municípios e do Distrito Federal, e dá outras providências.** Brasília, DF: Presidência da República, 2003. Disponível em: http://www4.planalto.gov.br/legislacao/. Acesso em: 01 jun. 2020.

BRASIL. Lei 5.172, de 25.10.1966. **Institui o Código Tributário Nacional (CTN).** Brasília, DF: Presidência da República, 1966. Disponível em: http://www4.planalto.gov.br/legislacao/. Acesso em: 26 mai. 2020.

BRASIL. Lei 6.015, de 31.12.1973. **Dispõe sobre os registros públicos.** Brasília, DF: Presidência da República, 1973. Disponível em: http://www4.planalto.gov.br/legislacao/. Acesso em: 31 mai. 2020.

BRASIL. Lei 7.433, de 18.12.1985. **Dispõe sobre os requisitos para a lavratura de**

escrituras públicas e dá outras providências. Brasília, DF: Presidência da República, 1985. Disponível em: http://www4.planalto.gov.br/legislacao/. Acesso em: 08 jun. 2020.

BRASIL. Lei 7.713, de 22.11.1988. Dispõe sobre o imposto de renda. Brasília, DF: Presidência da República, 1988. Disponível em: http://www4.planalto.gov.br/legislacao/. Acesso em: 01 jun. 2020.

BRASIL. Lei 8.137, de 27.12.1990. **Define crimes contra a ordem tributária, econômica e contra as relações de consumo, e dá outras providências.** Brasília, DF: Presidência da República, 1990. Disponível em: http://www4.planalto.gov.br/legislacao/. Acesso em: 01 jun. 2020.

BRASIL. Lei 8.212, de 24.07.1991. **Dispõe sobre a organização da Seguridade Social, institui Plano de Custeio, e dá outras providências.** Brasília, DF: Presidência da República, 1991. Disponível em: http://www4.planalto.gov.br/legislacao/. Acesso em: 31 mai. 2020.

BRASIL. Lei 8.935, de 18.11.1994. **Regulamenta o art. 236 da Constituição Federal, dispondo sobre serviços notariais e de registro (Lei dos cartórios).** Brasília, DF: Presidência da República, 1994. Disponível em: http://www4.planalto.gov.br/legislacao/. Acesso em: 27 mai. 2020.

BRASIL. Lei 9.430, de 27.11.1996. Dispõe sobre a legislação tributária federal. Brasília, DF: Presidência da República, 1996. Disponível em: http://www4.planalto.gov.br/legislacao/. Acesso em: 01 jun. 2020.

BRASIL. Lei 9.868, de 10.11.1999. **Dispõe sobre o processo e julgamento da ação direta de inconstitucionalidade e da ação declaratória de constitucionalidade perante o Supremo Tribunal Federal.** Brasília, DF: Presidência da República, 1999. Disponível em: http://www4.planalto.gov.br/legislacao/. Acesso em: 13 jun. 2020.

BRASIL. Lei 10.169, de 29.12.2000. Estabelece normas gerais para a fixação de emolumentos dos serviços notariais e de registro. Brasília, DF: Presidência da República, 2000. Disponível em: http://www4.planalto.gov.br/legislacao/. Acesso em: 28 mai. 2020.

BRASIL. Lei 10.406, de 10.01.2002. **Institui o Código Civil**. Brasília, DF: Presidência da República, 2002. Disponível em: http://www4.planalto.gov.br/legislacao/. Acesso em: 27 mai. 2020.

BRASIL. Lei 11.482, de 31.05.2007. Dispõe sobre a legislação tributária federal. Brasília, DF: Presidência da República, 2007. Disponível em: http://www4.planalto.gov.br/legislacao/. Acesso em: 13 jun. 2020.

BRASIL. **Manual de Orientação da Relação Anual de Informações Sociais (RAIS): ano-base 2019.** – Brasília: ME, SEPT - STRAB - SPPT - CGCIPE, 2020, 52p. Disponível em: http://www.rais.gov.br/sitio/rais_ftp/ManualRAIS2019.pdf. Acesso em: 31 mai. 2020.

CARRAZZA, Roque Antonio. **Curso de direito constitucional tributário.** 6ª. edição, revista e ampliada. – Malheiros Editores: São Paulo, 1994.

CARVALHO, Paulo de Barros. **Curso de Direito Tributário**. 7. ed. atual. – São Paulo: Saraiva, 1995.

CENEVIVA, Walter. **Lei dos notários e dos registradores comentada: Lei n. 8.935/94.** – 9ª. ed. rev. e atual. – São Paulo: Saraiva, 2014.

_____. **Lei dos registros públicos comentada.** – 19. ed. – São Paulo: Saraiva, 2009.

CHAVES, Luisa Helena Cardoso. **Cobrança de ISS dos serviços públicos notariais**

e de registro. *Site* Conteúdo Jurídico, Brasília-DF, 03 mar. 2010. Disponível em: https://conteudojuridico.com.br/consulta/Artigos/19336/cobranca-de--iss-dos-servicos-publicos-notariais-e--de-registro. Acesso em 17 mai. 2020.

Coêlho, Sacha Calmon Navarro. **Curso de direito tributário brasileiro**. 3. ed. – Rio de Janeiro: Forense, 1999.

COVID-19 Dashboard by the Center for Systems Science and Engineering (CSSE) at Johns Hopkins University (JHU). Relatório da página na Internet da Instituição *Johns Hopkins University & Medicine, Coronavirus Resource Center,* 13 jun. 2020. Endereço da página: https://coronavirus.jhu.edu/map.html. Acesso em: 13 jun. 2020, às 11h17 (Horário de Brasília/DF).

Difini, Luiz Felipe Silveira. **Manual de direito tributário.** – 4. ed. atual. – São Paulo: Saraiva, 2008.

ESTADO DE SÃO PAULO. Lei 11.331, de 26.12.2002. **Dispõe sobre os emolumentos relativos aos atos praticados pelos serviços notariais e de registro.** São Paulo, SP: Governo do Estado de São Paulo, 2002. Disponível em: https://www.al.sp.gov.br/alesp/pesquisa-legislacao/. Acesso em: 23 fev. 2021.

ESTADO DE SÃO PAULO. Tribunal de Justiça do Estado de São Paulo. Provimento 58, de 28.11.1989, atualizado pelo Provimento 56, de 11.12.2019, ambos da Corregedoria Geral da Justiça do Tribunal de Justiça do Estado de São Paulo. Instituição do **Tomo II das Normas de Serviço da Corregedoria Geral da Justiça do Tribunal de Justiça do Estado de São Paulo (TJSP) – Cartórios Extrajudiciais**. São Paulo, SP: Tribunal de Justiça do Estado de São Paulo, 2019. Disponível em: https://www.tjsp.jus.br/Corregedoria/Comunicados/NormasExtrajudiciais. Acesso em: 11 jun. 2020.

ESTADO DO RIO GRANDE DO SUL. Lei 12.692, de 29.12.2006. **Dispõe sobre os emolumentos dos serviços notariais e de registro, cria o Selo Digital de Fiscalização Notarial e Registral, institui o Fundo Notarial e Registral e dá outras providências.** Porto Alegre, RS: Governo do Estado do Rio Grande do Sul, 2006. Disponível em: http://www.al.rs.gov.br/legis/. Acesso em: 01 jun. 2020.

ESTADO DO RIO GRANDE DO SUL. Tribunal de Justiça do Estado do Rio Grande do Sul. Provimento 001, de 17.01.2020, da Corregedoria-Geral da Justiça do Tribunal de Justiça do Estado do Rio Grande do Sul (TJRS). **Institui o novo texto da Consolidação Normativa Notarial e Registral do Tribunal de Justiça do Estado do Rio Grande do Sul (CNNR/RS).** Porto Alegre, RS: Tribunal de Justiça do Estado do Rio Grande do Sul, 2020. Disponível em: https://www.tjrs.jus.br/novo/processos-e-servicos/servicos-extrajudiciais/servicos-notariais-e-de-registros/. Acesso em: 11 jun. 2020.

Faria, Bianca Castellar de. **ISS sobre os serviços notariais e registrais:** antijuridicidade e inconstitucionalidade flagrantes. Revista Tributária e de Finanças Públicas: RTrib, v. 15, n. 72, jan./fev. 2007.

Herance Filho, Antonio. **IR sobre ganhos de capital na alienação de bens – 1**. *Site* do Colégio Notarial do Brasil – Conselho Federal, 10/06/2014. *Site*: http://www.notariado.org.br/blog/notarial/ir-sobre-ganhos-de-capital--na-alienacao-de-bens-1. Acesso em 01/05/2020.

______. **Notários e registradores como pessoas físicas e os serviços notariais e registrais como entes despersonali-**

zados. *Site* da Associação dos Notários e Registradores do Brasil (ANOREG/BR), 24/04/2017. *Site*: https://www.anoreg.org.br/site/2017/04/24/artigo-notarios-e-registradores-como-pessoas-fisicas-e-os-servicos-notariais-e-registrais-como-entes-despersonalizados-antonio-herance/. Acesso em: 02/05/2020.

_____. **Regime tributário aplicável ao tabelião e ao oficial de registro: pessoa física ou pessoa jurídica?** Palestra proferida no XIII Congresso Brasileiro de Direito Notarial e de Registro, da Associação dos Notários e Registradores do Brasil (ANOREG/BR) (16-19 nov. 2011, Maceió/AL). Teor da Palestra publicado na Revista Direito Notarial e de Registro, n. 25, jul. 2012, p. 40-43.

LOUREIRO, Luiz Guilherme. **Registros públicos – teoria e prática.** – 10. ed. rev., atual. e ampl. – Salvador: Editora Juspodivm, 2019.

MACHADO SEGUNDO, Hugo de Brito; MACHADO, Raquel Cavalcanti Ramos. **A forma de calcular o ISS incidente sobre a atividade de Notas e Registros Públicos.** Revista Dialética de Direito Tributário (RDDT), São Paulo, 160, jan. 2009, p. 51-59.

MACHADO, Brandão. **Adicional do Imposto de Renda dos Estados.** Repertório IOB Jurisprudência nº 18/1989, 2ª – SETEMBRO, set. 1989, p. 291-296.

MACHADO, Hugo de Brito. **Curso de direito tributário.** 14ª edição revista, atualizada e ampliada. – São Paulo: Malheiros Editores, 1998.

_____. **O contribuinte e o responsável no imposto de renda na fonte.** RDDT n. 70, jul. 2001, p. 109-116.

NABAIS, José Casalta. **O dever fundamental de pagar impostos** – Contributo para a compreensão constitucional do estado fiscal contemporâneo. Coimbra: Almedina, 2004, 746 p.

PAULSEN, Leandro. **Curso de direito tributário.** – Porto Alegre: Livraria do Advogado Editora, 2008.

_____. **Direito Tributário: Constituição e Código Tributário à luz da Doutrina e da Jurisprudência.** 9. ed. rev. atual. – Porto Alegre: Livraria do Advogado: ESMAFE, 2007.

SCHOUERI, Luís Eduardo. **Direito tributário.** – 2. ed. – São Paulo: Saraiva, 2012.

SILVA, Justino Adriano Farias. Prefácio à Primeira Edição da Obra BRANDELLI, Leonardo. **Teoria Geral do Direito Notarial.** 3. ed. São Paulo: Saraiva, 2009.

Transparência: CNJ mantém acesso irrestrito a informações sobre receita de cartórios. Notícia do *site* do Conselho Nacional de Justiça (CNJ), 24 abr. 2018. Endereço da página: https://www.cnj.jus.br/transparencia-cnj-mantem-acesso-irrestrito-a-informacoes-sobre-receita-de-cartorios/. Acesso em: 18 jun. 2020.